UN JARDIN AQUATIQUE AU QUÉBEC

Bernard Beaulé

UN JARDIN AQUATIQUE AU QUÉBEC

ÉDITIONS DU TRÉCARRÉ

Conception graphique et mise en pages : Dufour et fille design inc.
Révision linguistique : Marie Rose Vianna
Édition et fabrication : Colette Laberge

ISBN 2-89249-531-8

Dépôt légal
Bibliothèque nationale du Québec

Éditions du Trécarré
Saint-Laurent (Québec) Canada

IMPRIMÉ AU CANADA

SOMMAIRE

Remerciements

JE dédie cet ouvrage à mes enfants, Marianne et Évlynn, ainsi qu'à mon épouse Danielle qui a cru en moi tout au long de la rédaction de ce livre, même lorsque les pages demeuraient blanches pendant des semaines entières. Je le dédie également à ma mère Hélène, infirmière, et à la mémoire de mon père André, chirurgien. Toute leur vie professionnelle et personnelle a été marquée d'un profond respect pour la vie. Quelle chose étrange que de partager désormais ce même sentiment à l'égard de la vie, à la fois fragile et tenace, que je vois se développer dans les jardins aquatiques! Un héritage merveilleux et insoupçonné que je souhaite, humblement, transmettre à mon tour.

Je désire enfin rendre hommage aux pionniers québécois de cette branche de l'horticulture : Danielle Bilodeau et Robert Lapalme de l'entreprise *À fleur d'eau* à Stanbridge. Sans eux, nous nous contenterions encore d'admirer les photographies des jardins aquatiques de nos voisins du Sud ou de ceux d'Europe. Il y a huit ans, les commentaires à leur endroit incluaient sans doute les expressions « folie douce » ou « passion passagère ». Aujourd'hui, ils bénéficient de la reconnaissance de leurs pairs à titre d'innovateurs et de visionnaires.

Bernard Beaulé

Avant-propos

UN jardin d'eau – une petite cascade, des jets d'eau, un bassin rempli de nymphéas – c'est le rêve de tout jardinier dans l'âme… Mais comment réaliser ce rêve?

C'est le dilemme auquel étaient confrontés les amateurs de jardins d'eau du Québec… du moins, jusqu'à maintenant. En effet, les rares livres abordant ce sujet conviennent peu à un climat nordique : matériaux peu appropriés qui se déchirent ou s'abîment au froid intense, plantes gélives, conseils de construction inadéquats qui ne tiennent pas compte d'une eau gelée en profondeur, etc. Voilà quelques-unes des difficultés qui décourageaient les novices.

Voici donc, enfin, un livre complet sur les jardins d'eau dont les conseils sont adaptés à notre climat. L'auteur connaît, de toute évidence, son sujet, et tous les petits détails si importants à la réalisation d'un jardin d'eau; comment l'installer, quels matériaux utiliser, les plantes et les poissons qui le décorent et beaucoup plus encore.

De plus, ce « petit livre de chez nous » n'est pas si petit que ça. Bien au contraire, c'est l'un des livres les plus complets qui existe sur le sujet, peu importe la langue et il est donc à prévoir qu'il franchira les frontières du Québec un jour. C'est donc tout un honneur pour nous que ce livre soit écrit et publié ici. À vous de découvrir la passion des jardins d'eau en le lisant!

Larry Hodgson
Chroniqueur horticole pour *Le Soleil*
Rédacteur en chef de la revue *Fleurs, Plantes et Jardins*

Introduction

DANS un parc, sur une place publique ou au jardin botanique, un aménagement paysager qui utilise l'eau comme élément décoratif attire inévitablement l'attention du promeneur. Les jets d'eau, le jeux de lumière, le clapotis d'une cascade, la végétation aquatique luxuriante, la réflexion des alentours dans l'eau du bassin, les poissons colorés qui le peuplent sont autant de points d'ancrage pour le regard et de motifs d'évasion pour l'imagination. La routine quotidienne vient d'être rompue.

Certains préféreront la géométrie régulière des bassins et fontaines, d'autres seront plus sensibles aux lignes irrégulières qui se rapprochent davantage de la nature. Quel qu'en soit le style, rares sont ceux qui demeurent indifférents en face d'un jardin aquatique. À plus forte raison si ces mêmes éléments se trouvent dans notre cour arrière, devant la façade de la maison ou même, si les défis ne nous effraient pas, à l'intérieur de la demeure.

« Comment arriver à faire cela! »

« Cela doit être compliqué, demander beaucoup de temps et coûter une fortune! »

« L'hiver, quand l'eau gèle, comment font les poissons pour survivre? »

« Je n'ai pas le pouce vert, alors imaginez ce que cela donnera si je me lance dans une aventure de ce genre! »

« Je n'ai pas assez d'espace chez moi. »

Ce n'est qu'un échantillon des commentaires que j'ai entendus chaque fois que je parlais de jardins aquatiques pour la première fois. Ces réflexions trahissent une méconnaissance de cette forme d'aménagement paysager, mais ne retranchent rien de la fascination initiale que tous manifestent. Elles ne sont que très normales, avouons-le, mais elles suffisent néanmoins à enlever le goût, chez la plupart, d'entreprendre un tel projet ou même d'en confier la conception et la réalisation à des spécialistes.

Mon cas relevait davantage du dangereux coup de foudre. Une photo observée dans une revue horticole et me voilà parti pour… nulle part! Pas de documentation, pas de personnes ressources, sinon une vision très nette de ce que je voulais.

Tel un enquêteur chargé de résoudre le crime parfait, je me suis lancé désespérément à la recherche de tout ce qui touchait de près ou de loin aux jardins aquatiques. Petit à petit, j'assemblais les bribes de renseignements, j'établissais des contacts avec les fournisseurs de matériaux et de plantes pour enfin ébaucher, un beau jour, mon projet.

Aujourd'hui, la passion initiale alternant avec la raison, je crois détenir un certain savoir. Suffisamment, à tout le moins, pour prétendre vous le communiquer. J'ai voulu tenter de vous éviter de chercher dans un grand nombre d'ouvrages de référence les renseignements nécessaires à la réalisation d'un jardin aquatique. Ces recherches ne sont nullement à dédaigner, mais elles ne vous donnent aucun fil conducteur ni ne garantissent que l'information obtenue s'applique à ce que vous désirez faire, notamment en ce qui a trait au climat et aux plantes.

Nous aborderons donc, dans ces pages, tous les aspects d'une forme d'aménagement paysager qui devient de plus en plus populaire au Québec. De la conception à l'entretien, nous aurons l'occasion d'examiner de près les volets paysager, hydraulique, horticole, piscicole et la symbolique propre à certains jardins aquatiques. Nous accorderons une attention particulière à l'utilisation de plantes bien adaptées à notre climat rigoureux et dont plusieurs croissent à foison sur les rives de nos lacs, rivières et marais. Quelques trucs de métier et un certain esprit de méthode vous aideront à construire un jardin aquatique adapté à votre budget.

LA CONCEPTION D'UN JARDIN AQUATIQUE

rdin d'eau d'influence francaise

(Ci dessus)
a grande variété de plantes rompt
a monotonie du plan d'eau

(Page précédente, en haut)
Un filet protège les poissons contre les prédateurs

(Page précédente, en bas)
Il est possible de varier les types de bordures :
roches, galets et végétation

Petit bassin en demi-cercle

Bernard Beaulé

Tsukubai

La bordure en dalle de pierre s'harmonise avec la rocaill

(Ci-dessus)
Un pourtour bordé de
façon originale avec de la
mousse

(Page précédente)
Cascade en filet

Petite chute en surplomb

Bernard Beaulé

Bernard Beaulié

Une touche typiquement japonaise est procurée par ce pont à angle

Bernard Beaulé

Un simple demi baril suffit à intégrer l'eau à votre jardin

Bernard Beaulé

Pourqui pas un jardin aquatique intérieur ?

Il est important de
préserver les proportions
entre le jardin aquatique
et les éléments décoratifs

Un espace de 2 m par 3 m
suffit pour créer un jardin
aquatique

Bernard Beaulé

Bernard Beaulé

Jardin aquatique bordant une pergola

Ce petit pont arqué s'intègre à merveille à l'aménagement du ruisseau

Bernard Beaulé

(Ci-dessus)
Petite chute en escalier

Bernard Beaulé

(Page suivante, en haut)
Les plans de ce pont arqué se retrouvent
la page 9
(Page suivante, en bas)
Jardin d'influence japonais

Petit bassin en coquille

Bernard Beaulé

Le créateur de ce pont a permis à la nature de reprendre ses droits

ictoria amazonica

Daniel Fortin

Bernard Beaulé

(Ci-dessus)
utomus umbellatus

(Page précédente, en haut)
alla palustris (calla des marais)

(Page précédente, en bas)
anna en fleurs

Glyceria aquatica

Bernard Beaulé

Daniel Fortin

ris kæmpferi

Iris pseudacorus

Carex limosa

Daniel Fortin

Daniel Fortin

Daniel Fortin

(Ci-dessus, à gauche)
Iris sibirica

(Ci-dessus, à droite)
Iris versicolor

(Page suivante, en haut à gauche)
Ligularia przewalskii
'The Rocket'
(Page suivante, en haut à droite)
Lythrum salicaria
(Page suivante, en bas à gauche)
Pontederia cordata
(Pontédérie à feuille en cœur)
(Page suivante,en bas à droite)
Menyanthes trifoliata
(trèfle d'eau)

Lysimmachia nummularia

Daniel Fortin

Daniel fortin

(Ci-dessus)
Nymphæa 'Sultan'

(Page suivante
Nymphæa 'Virginali

Nymphæa 'Saltor'

Daniel Fortin

Nymphaea 'General Pershing'

(Page suivante, en haut
Nymphaea 'marlicea chromatella
(Page suivante, en bas
Nymphaea candida

(Page suivante, en haut
Myriophyllum sp

(Page suivante, en haut
Caltha palustri

Bernard Beaulé

Nymphaea 'René Gérard'

Bernard Beaulé

Primula

Daniel Fortin

Ci-dessus)
oissons rouges

Page précédente, en haut à gauche)
agittaria latifolia en fleurs

Page précédente, en haut à droite)
Jelumbo nucifera

Page précédente, en bas)
istia stratiotes (laitue d'eau)

Carpes japonaises

Bernard Beaulé

Mario Boucher

Carpes japonaises et poissons rouges

LES TYPES DE JARDINS AQUATIQUES

D IVERSES options s'offrent à celui qui désire intégrer l'eau dans l'aménagement paysager de sa résidence. J'utilise à dessein le terme *résidence* plutôt que *terrain*, car rien ne vous empêche d'envisager la création d'un jardin aquatique tant intérieur qu'extérieur. Les dimensions et la localisation, tout autant que les plantes, poissons, etc., devront être examinés en conséquence, mais cette possibilité est réalisable. Il est donc important de connaître les divers types de jardins aquatiques et leurs nombreuses variantes avant d'arrêter votre choix.

LE BASSIN

Un peu d'histoire

Universellement connu, le bassin n'a rien ou presque rien de commun avec un milieu naturel. On est en présence d'une construction où l'artificiel prédomine. À l'origine, le bassin avait pour fonction de contenir de l'eau à des fins purement utilitaires. Ainsi, en Égypte, on trouvait des bassins le long de l'Euphrate et du Nil, quelque 2000 ans avant notre ère. Alimentés par la crue des eaux, ils drainaient celles-ci vers les canaux d'irrigation des terres agricoles riveraines. Pour en assurer l'étanchéité, on façonnait le fond et le pourtour avec une argile compacte à laquelle on ajoutait des tiges de végétaux. Les bassins servaient également à la culture du lotus, plante très populaire en Égypte, dont on extrayait les graines pour en faire de la farine. Le renouvellement des eaux par l'entremise de canalisations et d'aqueducs a permis par la suite d'étendre cette fonction à la conservation de diverses espèces aquatiques. Ces viviers permettaient d'obtenir en toute saison des aliments marins frais dans un environnement décoratif. On constate également l'existence de bassins dans l'empire perse. Les jardins suspendus de Babylone, l'une des huit merveilles du monde, étonnent encore les archéologues par l'ingéniosité de leurs systèmes hydrauliques. En effet, des canalisations alimentaient les galeries supérieures du bâtiment qu'on avait rendues étanches par l'installation de lames de plomb. Mentionnons aussi les citernes ouvertes qui emmagasinaient l'eau de pluie dans les places fortifiées de l'Antiquité et dans les châteaux médiévaux, et qui constituaient une précieuse réserve en cas de siège.

Le bassin a rapidement poursuivi son évolution en servant, on le devine, à des fonctions récréatives. Les thermes romains en sont des exemples frappants où la technologie sous-jacente a atteint un niveau de perfectionnement surprenant pour l'époque. On songe, par exemple, aux thermes de Bath, ville romaine en Angleterre, où l'étanchéité des bassins en briques provenait de plaques de plomb soudées ensemble. Des canalisations souterraines, également en plomb, amenaient l'eau des sources chaudes et des bassins de réchauffement vers les bassins de baignade. Aujourd'hui, on peut encore visiter ces installations qui sont toujours utilisables.

La culture romaine accordait également une grande place aux plans d'eau. En effet, l'architecture des maisons était caractérisée par des cours intérieures ceinturées de murs et ornées de péristyles de façon à ce que l'eau des pluies se déverse directement des toits vers un bassin central.

Les caractéristiques des bassins

La première caractéristique du bassin est la simplicité de sa forme soit carrée, soit rectangulaire, ronde ou ovale. Pour adoucir la sévérité qui en résulte, on a veillé à combiner les formes entre elles et on en a orné le pourtour d'urnes, de statues et de colonnes tantôt de granit, tantôt de marbre ou d'albâtre.

La seconde caractéristique du bassin est la symétrie qui naît de l'installation des divers éléments décoratifs. Le placement de ces éléments en nombre pair contribue à l'équilibre d'ensemble de la construction. Enfin, pour en parfaire l'apparence, on pavera le bassin de mosaïques illustrant des scènes de la vie quotidienne comme celles des villas de Pompéi ou d'Héracleum exhumées des cendres du Vésuve. L'empire musulman optera pour des tuiles dont les motifs géométriques répétés témoignaient de son goût pour les sciences et les mathématiques. L'influence mauresque se poursuivra d'ailleurs au cours du Moyen Âge et du XVIe siècle et s'étendra jusqu'en Espagne.

Dernière caractéristique, le bassin constituera la composante principale d'un aménagement paysager autour duquel s'ajouteront les végétaux (fleurs, arbres et arbustes) et les autres éléments structuraux (allées, bancs), toujours en respectant le principe de l'équilibre symétrique. Sa présence est rarement une surprise. Bien au contraire, tout est généralement conçu pour qu'il devienne le point focal vers lequel on se dirige nécessairement.

Les fontaines

Sans être indispensables, mais complétant le bassin de façon logique, les fontaines apparaissent. D'abord simple canalisation horizontale placée à la sortie d'une source souterraine, la fontaine est habituellement flanquée d'un bassin de rétention d'eau. Initialement, la fontaine a été conçue comme une pièce utilitaire tant pour les animaux que pour les humains. Dans sa forme la plus fruste, c'est une auge de bois ou de pierre où l'eau se déverse par un tuyau. Le muret surmonté d'une sculpture en forme de tête humaine ou animale d'où l'eau jaillira constitue une forme évoluée de cette structure de forme dépouillée.

Installée à la verticale et alimentée en eau par gravité ou par un système de pompes, la canalisation de la fontaine deviendra davantage décorative par l'utilisation de jets d'eau. Avec le temps, ceux-ci se raffinent pour se transformer en de véritables pièces d'art où la structure aura pris le dessus sur une néanmoins savante répartition de l'eau. On souligne l'équilibre symétrique en intégrant davantage la construction à un environnement plus vaste. Tel est le cas des fontaines d'influence mauresque qui ornent la résidence du Generalife à Grenade, en Espagne, et où la courbure de l'eau projetée par les fontaines de la cour des Grands canaux s'harmonise avec les arcs des couloirs externes. Les fontaines de la Renaissance en sont d'autres exemples frappants où le décor de sculptures devient imposant et majestueux comme celui de la fontaine de Trevi à Rome. Évoquons aussi les fontaines du château de Versailles où la pression de l'eau était produite par des roues à aubes installées près de la Seine. Construits sous Louis XIV par Le Nôtre, les bassins et canaux de Versailles ont été des lieux d'amusement où la noblesse pouvait participer à des batailles navales à bord d'embarcations d'échelle réduite.

De dimension plus modeste, mais de fabrication aussi raffinée, mentionnons la vasque habituellement dotée d'un petit jet d'eau où viennent se rafraîchir les oiseaux.

L'ÉTANG ARTIFICIEL
L'étang artificiel et l'histoire
Alors que les composantes structurelles et horticoles du bassin ont connu au cours des siècles une évolution importante, celles de l'étang artificiel auront été beaucoup plus subtiles, plus nuancées.

Cela se comprend puisque, mises à part les techniques développées pour garantir l'étanchéité et l'alimentation en eau de l'étang artificiel – techniques comparables à celles qui étaient appliquées au bassin –, le principal effort des concepteurs d'étangs artificiels aura consisté à occulter l'intervention humaine, à faire en sorte que l'étang artificiel s'apparente le plus possible à ce que l'on observe dans la nature.

En revanche, le but de cette recherche du naturel peut varier. Ainsi, les étangs construits par les Chinois visaient à stimuler les sens en proposant différents points de vue destinés à produire un nouvel effet ; par exemple, la présence de pavillons dont l'exubérance tenait non à leur taille, mais au raffinement des détails et des couleurs, de la végétation, des pierres. Loin de vouloir exciter le regard du passant, le jardin japonais cherche, au contraire, à apaiser les tensions. On relèvera donc la sobriété de l'ensemble en y intégrant discrètement l'étang. Ainsi, à l'époque Hein (XIIe siècle), le classique *Sakutei-ki* fixe pour plusieurs siècles les règles relatives à la construction du jardin japonais. On donne la préférence au jardin-îlot : au centre de l'étang surgit un îlot en forme de carapace de tortue. Cette dernière, ainsi que la grue, comptent parmi les éléments de panthéologie chinoise et japonaise les plus fréquemment utilisés sous forme de symboles dans ces jardins. À l'époque Muromichi, au XIVe siècle, on met en valeur le jardin promenade dont les caractéristiques visent tantôt à ralentir la progression du passant, tantôt à l'accélérer vers des endroits précis. L'influence zen sur la culture japonaise a poussé encore plus loin le recours à des symboles avec le *kare-sansui* ou jardin sec. On y remplace l'eau par des cailloux ratissés qui donnent une apparence de vagues. Des pierres toujours placées en nombre impair sur cette surface, et entourées parfois de mousse, représenteront les îles et la végétation lacustre. Le jardin sec de Ryoan-ji, au nord-ouest de Kyoto, constitue le point culminant de cette forme particulière d'aménagement. Introduit au Japon au XVIe siècle, le jardin de thé reprendra l'eau à des fins de purification en la faisant déverser par des conduits de bambou dans des vasques de pierre. Nous examinerons plus loin ce type d'aménagement.

Les caractéristiques de l'étang artificiel

La caractéristique première de l'étang artificiel est d'être apparenté aux divers plans d'eau présents dans la nature. Même s'il a été construit de toute pièce, c'est le modèle en réduction de ce que l'on observe dans la nature.

Il n'est nullement question, donc, de formes rigides. L'accent est plutôt mis sur l'irrégularité des contours, l'asymétrie des composantes, sans toutefois renoncer à un certain équilibre. Ainsi, une section largement composée de pierres et relativement dépourvue de végétation fera pendant à une section d'arbustes et de fleurs. Des parties ombragées alterneront avec des emplacements ensoleillés. Aucune plantation en ligne ou aucun contraste marqué des couleurs, mais des progressions nuancées d'où se dégage un certain rythme. Cet équilibre asymétrique devient par le fait même la seconde caractéristique de l'étang.

Enfin, comme dernier point, l'étang artificiel se fond harmonieusement dans l'ensemble de l'aménagement paysager au lieu d'être le point de convergence de ses composantes. Sa présence discrète, mais très particulière, suscite autant de surprise que la fontaine majestueuse des grands jardins à la française.

Par ailleurs, comparativement au bassin formel, l'étang artificiel offre davantage de possibilités quant à la création d'un écosystème miniature. Un tel système s'autosuffit en éléments nutritifs et purificateurs, en développement et contrôle, par la présence d'algues, de zooplancton, d'insectes décomposés par des bactéries qui constituent un premier stade d'équilibre biologique. Les plantes qu'on aura ajoutées par la suite attireront d'autres insectes et oxygéneront le milieu aquatique. Les poissons introduits dans ce milieu compléteront le cycle et contribueront, avec les plantes, à la réalisation d'un second niveau d'équilibre biologique.

Par exemple, l'étang artificiel comportera des sections en pente douce où l'on placera des plantes à rhizome telles les *Iris*, *Calla palustris*, *Pontederia cordata*, et des sections en paliers qui soutiendront les plantes à feuillage flottant tels les *Nymphæa*, *Aponogeton distachyus*, *Lotus*. Avec l'addition de plantes submergées telles les *Elodea canadensis*, *Myriophyllum* et *Ceratophyllum*, on complétera la partie végétale de l'écosystème. Ces plantes favorisent la filtration et l'oxygénation de l'eau ainsi qu'une sédimentation des éléments en suspension dans l'eau. Les poissons contribueront au développement des plantes par leurs déjections et pourront régulariser la quantité d'insectes.

Que ce soit dans le jardin à l'anglaise où l'on exalte le désordre organisé ou dans les civilisations orientales où la symbolique est raffinée à l'extrême, l'étang artificiel rappelle une culture qui est à l'antipode de celle du bassin. À bien des égards, l'étang artificiel et le bassin classique font équilibre au style de vie de ceux à qui ils sont destinés. L'organisation rigide et conservatrice des Anglo-Saxons, des

Chinois et des Japonais trouve une échappatoire dans l'harmonie et la simplicité contemplatives de l'étang artificiel. À l'opposé, le formalisme des bassins de France et d'Italie et, par extension, celui des jardins de ces pays, font contrepoids avec la fréquente impression d'anarchie que donnent ces sociétés.

LES COMPOSANTES D'UN JARDIN AQUATIQUE

CHAPITRE 2

AVANT de se lancer dans la conception d'un jardin aquatique, il faut avoir une certaine idée des diverses composantes que l'on peut utiliser. En effet, lorsque nous identifierons les éléments déjà présents sur le terrain, nous pourrons alors accorder plus d'attention à certaines caractéristiques de ces composantes et nous livrer à des observations et mesures complémentaires. Dans le même ordre d'idées, le style propre à certains jardins aquatiques se manifeste souvent par la présence, à certains endroits, de pierres, de plantes, d'arbustes ou d'arbres, détails qui peuvent nous échapper au moment du relevé du terrain si nous ne les connaissons pas. Lorsqu'on veut construire quelque chose, il est normal et logique de bien connaître les matériaux dont nous disposons pour mieux les inclure dans le plan fixé.

LES STRUCTURES DE RÉTENTION D'EAU

Divers matériaux peuvent être utilisés pour la rétention de l'eau dans un bassin ou un étang artificiel. Que ce soit l'argile, le béton de maçonnerie, la fibre de verre, les géomembranes de chlorure de polyvinyle (CPV) ou de butyle ou les bassins préfabriqués, le choix reposera sur des critères de coût, de complexité, de longévité et de style, car chacun de ces matériaux a une étanchéité relativement comparable.

L'argile

Il y a 2000 ans, les Chinois faisaient partiellement dévier des cours d'eau vers des ruisseaux et des étangs artificiels dont le fond était recouvert d'argile compacte. Cette technique adoptée par la suite au Japon peut encore être utilisée par ceux qui jugent préférables l'authenticité et le naturel. Elle risque, par ailleurs, de mettre en péril l'équilibre fragile des écosystèmes présents ou de modifier la structure et la composition du sol au niveau de la nappe phréatique. Il se peut aussi que de tels projets soient interdits à certains endroits par les lois et règlements gouvernementaux. Mieux vaut, dans ce cas, s'informer auprès des autorités avant d'entreprendre une quelconque déviation du ruisseau ou de la rivière qui passe en bordure de votre terrain. Si cette solution semble conforme aux normes en vigueur, notamment en matière d'environnement, réfléchissez avant de l'adopter. À moins de disposer d'une argile qui soit abondante et de bonne qualité, il vaut mieux opter pour une autre approche. En effet, pour rendre étanche la structure de rétention d'eau, il faut une couche d'au moins 15 cm d'argile. Le rebord doit avoir une pente assez faible pour éviter le glissement de la couche d'argile vers le fond. La plantation en pleine terre, c'est-à-dire à même une couche de terre déposée sur le fond de la structure, offre certains risques au niveau de l'étanchéité, par le fait que les racines de certaines plantes peuvent traverser la couche d'argile. De plus, lorsque l'on procédera aux travaux d'entretien, notamment des plantes, il faudra éviter de marcher sur cette couche. L'argile ainsi déplacée conservera sa nouvelle forme, mais laissera l'eau pénétrer dans la cavité. On ne pourra non plus vider le bassin ou l'étang en argile pour des périodes de temps prolongées, car l'assèchement de l'argile entraînera des fissures qui compromettraient irrémédiablement l'étanchéité.

Le béton

Largement utilisé de nos jours, le béton se prête davantage à la construction de bassins formels qu'à celle d'étangs artificiels. Il est clair que si l'on veut reproduire le contour irrégulier d'un étang, la construction de caissons ou coffrages peut se révéler complexe et coûteuse. Si l'on désire utiliser du béton armé, il existe une solution de rechange tout aussi efficace, mais moins compliquée. Il suffit de creuser une excavation de pente suffisamment faible pour ne pas requérir de coffrages. Le mélange de ciment aura assez de consistance pour ne pas couler vers le fond.

Il n'est pas nécessaire qu'un jardin aquatique soit très profond pour y installer des plantes et des poissons, même sous les conditions climatiques rigoureuses que nous subissons. Cependant, il faut installer un bon système de drainage, car les gels et dégels successifs qui caractérisent nos automnes et nos printemps peuvent déstabiliser l'assiette du bassin de béton ou créer des fissures. Concluons en soulignant que le jardin aquatique de béton, s'il est bien construit, aura une durée de vie supérieure à bien d'autres structures, comme en font foi bon nombre de structures construites depuis des siècles. Son coût, sans être prohibitif, est néanmoins supérieur à celui de l'argile et de la membrane de CPV. Mentionnons que si la surface à recouvrir est relativement grande, il sera nécessaire de louer une bétonnière. Les possibilités d'accès au site doivent être évaluées avant de se lancer dans ce type de construction.

La fibre de verre

La structure en fibre de verre est sans contredit la plus durable de toutes. Elle peut être utilisée tant pour le bassin que pour l'étang puisqu'il s'agit d'un tissu suffisamment flexible pour recouvrir n'importe quelle surface et qu'on l'enduira ensuite d'un mélange d'époxy et de catalyseur pour lui donner sa rigidité définitive. En plus d'être l'une des plus coûteuses, cette technique n'est pas celle recommandée au novice. La poussière de verre produite par des arrêtes et au cours du polissage final peut occasionner des risques pour la santé.

Les géomembranes synthétiques

Il existe depuis près de dix ans une nouvelle génération de matériaux très faciles à installer, résistants et peu coûteux : les membranes synthétiques. Nous connaissons déjà les toiles de polyéthylène utilisées pour les piscines hors terre et pour certains types de piscines creusées. Dans la mesure où elle est encore imperméable, vous pouvez donc recycler une toile de piscine en vue de construire un jardin aquatique.

Les polyéthylènes à haute densité (HDPE) peuvent également être utilisés. Moins coûteux que le CPV, ils constituent une option intéressante pour les grandes surfaces.

Les membranes en chlorure de polyvinyle (CPV) marquent une évolution par rapport aux toiles de polyéthylène et sont vendues en diverses épaisseurs dont l'unité de mesure est le mil (40 mils = 1 mm). L'épaisseur minimale acceptable est de 20 mils. Ces membranes ont une certaine résistance aux rayons ultraviolets, contrairement aux toiles de piscine qui peuvent rétrécir rapidement lorsqu'on les laisse totalement ou partiellement vides pour des périodes prolongées et qu'elles ne sont pas fixées sur la structure portante. De plus, les CPV ne renferment aucune substance nocive pour les poissons et les plantes. À titre d'exemple, une membrane de 20 mils aura une durée d'environ 15 ans avec les garanties de 5 à 10 ans. Dans les circonstances, il est préférable d'acquérir la toile la plus épaisse que vous permet votre budget. Le coût du CPV est d'ailleurs inférieur à celui du béton et de la fibre de verre.

Le butyle et le MDEP (monomère diène d'éthylène propylène), matériaux plus récents que le CPV, ont trois avantages additionnels sur les autres membranes synthétiques. Ils résistent aux ultraviolets et sont relativement extensibles, ce qui permet d'atténuer les faux plis qui se forment sur les côtés du bassin ou de l'étang. Ils ont généralement une garantie plus longue, soit environ 20 ans. Le prix du MDEP est comparable à celui du CPV, alors que celui du butyle est plus élevé.

Ces matériaux peuvent rendre étanche tout récipient, barils et auges de bois, que l'on veut transformer en jardin aquatique et, de ce fait, multiplient les possibilités tant à l'intérieur qu'à l'extérieur de la résidence. Vendus en rouleaux de largeur prédéterminée, ils sont livrés en sections « soudées » en usine ou en bandes facilement collables lors de la pose. Ils s'adaptent donc à toute superficie ou à toute forme de jardin aquatique. Ces matériaux peuvent également se combiner à d'autres matériaux solides, telles les dalles de béton, les briques ou les pierres. Par exemple, le pourtour du jardin aquatique pourrait être réalisé à l'aide de ces matériaux, alors que le CPV sera réservé à la structure de rétention d'eau. On minimise ainsi le coût et la difficulté du projet.

Les techniques de mesure, de pose et d'entretien décrites ici sont les mêmes pour les toiles de piscine, le CPV, le butyle ou le MDEP. Pour simplifier les données, on assimilera toutes les membranes synthétiques au CPV.

Les structures prémoulées

Il existe sur le marché des structures préfabriquées de dimensions relativement petites et de formes soit géométriques, soit irrégulières. Leur profondeur est généralement de 36 cm et leur superficie d'environ 1 m². De telles dimensions font réserver leur emploi à des variétés de nymphéas dont le feuillage et les racines ont un développement restreint. Conçues avec des paliers et dans certains cas des pochettes de plantations en bordure, ces structures sont suffisamment épaisses et robustes pour supporter le poids de l'eau. Elles peuvent donc être facilement utilisées à l'intérieur sans requérir de caissons autres que ceux dont on se servirait pour un revêtement quelconque. Leur prix, cependant, vaut trois fois celui d'une structure en CPV.

TABLEAU COMPARATIF DE DIVERSES STRUCTURES DE RÉTENTION D'EAU

	COÛT	ÉTANCHÉITÉ	RÉSISTANCE	DURÉE	POSE
ARGILE	Faible	Moyenne	Faible	Moyenne	Facile
BÉTON	Moyen	Très bonne	Très bonne	Longue	Moyen
PLASTIQUE	Faible	Bonne	Faible	Courte	Facile
CPV	Moyen	Très bonne	Très bonne	Longue	Facile
BUTYLE, MDEP	Élevé	Excellente	Très bonne	Longue	Facile
PRÉMOULÉE	Élevé	Excellente	Excellente	Longue	Facile
FIBRE DE VERRE	Élevé	Excellente	Excellente	Longue	Moyen

LES AUTRES MATÉRIAUX DE STRUCTURE

D'autres matériaux s'ajoutent au moment de la construction de la structure de rétention d'eau. Dans certains cas, il faut prévoir du gravier concassé pour le drainage, des canalisations pour vidanger l'eau du jardin aquatique, du sable pour tapisser le fond sur lequel le CPV sera placé. Mentionnons également l'emploi de plus en plus fréquent du géotextile. C'est un tissu feutré habituellement noir qui ne se détériore pas avec le temps et qui limite le développement des racines et plantes. Il ne faut pas le confondre avec un simple séparateur beaucoup plus mince. En insérant le CPV entre deux épaisseurs de géotextile, on constitue une couche de protection additionnelle et peu coûteuse.

L'EAU

La plupart des plantes et des poissons que l'on retrouve dans un jardin aquatique requièrent une eau légèrement alcaline comme celle que l'on consomme habituellement au Québec. L'eau du robinet peut donc être utilisée pour un bassin ou un étang artificiel. Elle est préférable à l'eau de pluie qui risque d'être plus acide, ainsi qu'à l'eau de lac ou de rivière parfois contaminée par certaines bactéries indésirables ou parfois même polluée. Il faut laisser l'eau reposer quelques jours pour permettre au chlore et aux chloramines de s'évaporer. Les sels minéraux en suspension sont plus concentrés dans une eau nouvelle que dans l'eau de ruisseau ou de lac et ils peuvent entraîner le développement d'algues en quelques jours sans pour autant que cela soit catastrophique. Les plantes finiront par stabiliser le milieu aquatique. Aucune substance chimique ne doit être ajoutée au printemps; on aura recours à des produits renfermant des bactéries qui purifient l'eau. De l'eau devra être périodiquement ajoutée au bassin ou à l'étang pour compenser l'évaporation. Un système d'alimentation en eau à débit contrôlé par une valve est préférable à l'utilisation d'un boyau d'arrosage. En effet, toute addition d'eau nouvelle en grande quantité brise l'équilibre biologique et provoque la réapparition d'algues. Le système d'alimentation, quant à lui, laisse passer des quantités minimes d'eau dont les sels minéraux sont absorbés rapidement et sans problème par les plantes. Il vous permettra également de vous absenter pendant des séjours plus ou moins prolongés sans devoir vous soucier du taux d'évaporation.

LES PLANTES

À moins de ne vouloir disposer que d'un bassin muni d'un jet d'eau, on peut difficilement concevoir un jardin aquatique sans végétation. Celle-ci forme la base de l'équilibre biologique en s'appropriant les éléments nutritifs qui, autrement, favoriseraient un développement anormal d'algues, en captant les particules en suspension dans l'eau et en transformant en oxygène les gaz carbonique et ammoniaque, ainsi que les nitrites produits par la décomposition des feuilles et les déjections des poissons. Le répertoire des plantes à la page 141 donne toutes les caractéristiques des principales plantes aquatiques.

LES POISSONS

Que l'on projette de construire un bassin ou un étang, la présence de poissons dans un jardin aquatique constitue un complément parfait qui donne véritablement de la vie. Peu coûteux et n'exigeant que peu de soins, les poissons captivent l'attention de tous par leurs mouvements et leurs couleurs. Deux espèces sont particulièrement adaptées aux conditions climatiques de nos régions : les carpes japonaises (*Carassius carassius*) et les poissons rouges (*Carassius auratus*). Dans la plupart des cas, ces variétés d'eau douce hiverneront sans difficulté sous la glace. Elles s'habituent rapidement à la présence d'humains lorsqu'on les alimente régulièrement au même endroit et aux mêmes moments de la journée et viennent prendre la nourriture directement au bout de vos doigts. Encore que l'on veuille bien leur fournir un apport alimentaire régulier sous forme de granules, puisque ces poissons se nourrissent également de larves d'insectes dont celles des maringouins, libellules, ou de pousses de certaines plantes, on peut sans aucune hésitation partir en vacances

Gare aux chats!
Ils ne dédaignent pas
se mouiller la patte à
l'occasion.

pour des périodes prolongées sans avoir de surprises désagréables au retour. En banlieue, les poissons peuvent être victimes de prédateurs tels les martins-pêcheurs, les chouettes et les ratons-laveurs. Les chats n'aiment pas l'eau et, à moins d'attendre patiemment qu'un poisson s'aventure très près du bord ou de la surface d'un plan d'eau, ils ne s'y attaqueront pas. En revanche, s'ils parviennent à en attraper un sans trop se mouiller, ils se livreront à un jeu cruel qui risque pour le moins de vous irriter.

LES ÉLÉMENTS DÉCORATIFS
Les pierres

Le concepteur d'un étang artificiel accorde une grande importance aux pierres, galets et cailloux. Placées dans une section de type ruisseau, dans une cascade, ou disposées en bordure, les pierres donnent de la texture et du relief au plan d'eau ou servent à en délimiter les parties. Elles ont également un rôle fonctionnel. Ainsi, en réduisant la largeur d'un ruisseau avec des pierres, on en augmente le débit, ce qui permet jusqu'à un certain point de compenser le peu de puissance d'une pompe. Dans une cascade, les pierres peuvent orienter l'eau vers une direction plutôt qu'une autre. Mentionnons que la sélection et la disposition des pierres dans les jardins chinois et japonais a constitué, au cours des siècles, un art en soi.

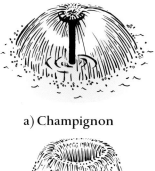

a) Champignon

b) Trompette

c) Fleur de lis

d) Mousse

Figure 1
Modèles de jets d'eau

Vous pouvez ramasser vous-même les pierres le long de lacs et de cours d'eau. Une autre bonne façon d'en faire provision est de parcourir la campagne où l'on en voit régulièrement dans les champs. Leurs « propriétaires » se feront sans doute un plaisir de s'en départir. Vous pouvez également vous en procurer auprès d'entreprises spécialisées où elles sont vendues à la tonne. Normalement, on cherche à utiliser dans un projet le même type de pierres qu'on observe dans la nature.

Les jets d'eau

Dans un bassin formel ou un étang artificiel, les jets d'eau sont un élément décoratif fort intéressant et relativement bon marché. Ils reproduisent des formes variées tels le champignon, le lis, etc. À l'époque de la Renaissance et sous Louis XIV, les jets d'eau étaient aussi exubérants que divertissants. Certains, habilement dissimulés dans des statues, arrosaient facétieusement les promeneurs peu méfiants.

On choisira les jets d'eau en fonction du style du plan d'eau. Il serait mal venu d'installer un jet d'eau ou même une fontaine dans un jardin d'inspiration japonaise ou chinoise. Il en est de même de la taille et de la force du jet d'eau. À moins de vouloir en faire le centre d'intérêt d'un jardin aquatique, on choisira un modèle qui sera proportionnel à l'étendue d'eau en le plaçant de façon à ce que l'eau retombe dans le bassin ou l'étang.

Les statues

De l'époque gréco-romaine jusqu'à la Renaissance, les statues ont été, avec les bassins et les jets d'eau, la base de tout aménagement de plan d'eau de style classique. Encore de nos jours, le jardin aquatique formel reprend ces éléments en des matériaux modernes, à la portée de tous les budgets et offerts auprès d'entreprises spécialisées en ornements de parterres. La préoccupation doit demeurer la même que pour les autres composantes décoratives, soit l'harmonie dans le style et les proportions.

Les luminaires

Les bassins et les étangs se transforment aisément le soir en une féerie lumineuse et colorée si l'on prend soin de bien doser l'éclairage. Les luminaires submersibles accentuent discrètement la présence des plantes à floraison nocturne et des poissons, et les luminaires de surface transforment le plan d'eau en un miroir où se refléteront les

branches d'arbres, les plantes de bordure, les étoiles et la lune. Si la dimension du plan d'eau l'autorise, on pourra disposer ces deux types d'éclairage en des endroits distincts pour produire des effets d'une grande beauté. Toutefois, si pour des raisons de sécurité un système d'éclairage submersible se révèle indispensable, il faut néanmoins le concevoir d'une façon différente de celui que l'on retrouve dans les piscines. La discrétion et la sobriété peuvent aller de pair avec la sécurité. Si l'on envisage de créer un jardin aquatique d'influence japonaise, des lanternes de pierre suffiront à en éclairer discrètement les diverses sections.

La mousse se développe aisément sur des pierres volcaniques placées en bordure.

L'AMÉNAGEMENT DU JARDIN AQUATIQUE

CHAPITRE 3

À MOINS de faire preuve d'un sens artistique éprouvé, d'avoir la capacité innée de réaliser des projets nouveaux, il faut se conformer à un minimum de règles avant d'entreprendre la construction d'un jardin aquatique. Même si vous décidez de confier votre projet à une entreprise spécialisée, ces règles, très simples en soi, vous permettront de mieux cerner vos besoins et d'évaluer les idées qui vous seront proposées. Elles ont trait à l'aménagement paysager, aux exigences particulières d'un jardin aquatique ainsi qu'aux relevés préalables et à la mise sur plan du projet.

QUELQUES PRINCIPES D'AMÉNAGEMENT PAYSAGER
Lorsqu'on se promène dans les quartiers résidentiels ou dans des parcs et jardins publics, on a souvent l'occasion de constater jusqu'à quel point chaque composante semble être à sa place sans qu'on ressente une impression désagréable de démesure. Même la luxuriance ou la fantaisie de certains parterres se justifie par un je ne sais quoi qui crée un lien ténu, mais réel, entre la maison, la piscine, le jardin et le reste du terrain en formant une unité cohérente. Malgré l'exiguïté de certains terrains, il semble que l'on dispose de plus d'espace. À l'autre extrême, certaines composantes, par ailleurs superbes en soi, choqueront comme si elles avaient été disposées à l'improviste et à la hâte par un quelconque extraterrestre. On note parfois en ce cas un encombrement d'éléments disparates.

L'harmonie
Ce qui distingue la première catégorie d'aménagement de la seconde consiste d'abord dans la réalisation d'un ensemble harmonieux tant dans le style, les structures, les divisions et l'utilisation de l'espace, l'échelle, les textures et les couleurs que dans les composantes elles mêmes. Cette harmonie fait en sorte que les diverses composantes s'intègrent naturellement entre elles comme si l'une constituait la suite logique, progressive ou complémentaire de la précédente. Cette

intégration est logique lorsqu'un détail, sans être nécessairement visible, peut facilement être anticipé à même la référence fournie par les autres composantes. Ainsi, la présence d'un ruisseau relativement long et d'une certaine largeur laisse présumer de l'existence d'un petit pont. L'intégration sera progressive lorsque les éléments et les caractéristiques d'un style s'effacent discrètement au profit de ceux d'un autre. Il n'est pas nécessaire de disposer d'un grand terrain pour favoriser cette progression; la présence de quelques éléments représentatifs suffisent et sont préférables à une multitude de détails qui alourdiraient l'ensemble. La complémentarité joue, entre autres, sur les formes et textures, les couleurs, la dimension et la densité des éléments utilisés. La présence d'arbres très hauts peut être facilement équilibrée par l'installation d'arbres d'essences différentes, de moyenne ou de petite taille. Les contrastes ainsi créés rompent la monotonie d'un ensemble.

Un jardin aquatique japonais ne s'harmonisera pas avec un cottage de style anglais à moins d'avoir établi une zone de transition dont les proportions soigneusement étudiées comportent des éléments empruntés à l'un et à l'autre. Par exemple, la progression pourrait être réalisée en créant une zone de promenade où les pavés de pierre ou de brique rappelleraient la géométrie et les couleurs du cottage. Au début du parcours, on répartira la végétation sur le modèle d'un jardin à l'anglaise où le naturel s'harmonise avec le dénuement et la simplicité du jardin japonais. Plus on se rapproche de la section japonaise du jardin, plus on anticipe la présence d'éléments en bambou, de lanternes, d'un plan d'eau et, logiquement, de carpes japonaises. De par sa conception, le jardin japonais oppose la fragilité d'une composante, des roseaux par exemple, à la solidité d'une autre, telle la pierre. C'est le principe même du *ying* et du *yang*.

L'unité

La seconde règle a trait à l'unité. Il s'agit de créer des liens entre les diverses utilisations de l'espace et des composantes de façon qu'une dominante puisse être perçue sans toutefois s'imposer exagérément. Dans ce but, on se servira d'un style, de catégories de plantes, d'un matériau, d'une couleur, du découpage de l'espace en lignes droites ou en courbes. Un mélange maladroit de styles peut engendrer la confusion lorsque l'espace est restreint. En ce cas, il vaut mieux ne choisir qu'un seul style. Cette règle s'applique aussi au choix des pierres. Le principe d'unité veut que l'on opte pour un seul type de pierres dans l'aménagement paysager et que celles-ci s'harmonisent avec les couleurs déjà présentes sur la propriété, telles celles du revêtement de la maison. Ce faisant, on transpose dans l'aménagement ce que l'on observe dans la nature. L'unité peut aussi provenir du choix d'une couleur dominante dans la végétation. Tantôt elle servira de fond, tantôt de point de convergence dans un massif floral.

LES MESURES

Harmoniser et unifier les composantes d'un aménagement est moins compliqué qu'on le pense, même si le recours à des entreprises d'aménagement paysager n'est pas à dédaigner. Généralement, cette partie du travail comporte quatre étapes : le relevé du site, la conception d'un projet de base, le devis et la réalisation. Une simple promenade sur le terrain vous fournira bien des renseignements sur les éléments dont vous disposez déjà et sur lesquels vous pouvez vous fier pour intégrer le jardin aquatique dans un aménagement de qualité. Dans bon nombre de cas, la levée sur plan du terrain n'est pas indispensable. Elle aide cependant à planifier un aménagement sur plusieurs années et se révèle très utile au moment de l'achat des matériaux. Nous vous proposons ci-dessous quelques techniques de mesures courantes qui ne requièrent aucun équipement spécial. Si votre projet n'est pas trop complexe ni votre terrain particulièrement grand et fortement dénivelé, ces techniques devraient vous permettre de résoudre la plupart des problèmes.

La triangulation

La méthode par triangulation vous servira à localiser avec précision la position de certaines composantes du terrain. Elle consiste à mesurer la distance entre un objet, un arbre par exemple, et deux points distincts. Ces deux points peuvent être deux des angles de la résidence. Dessinez d'abord à l'échelle la localisation de la maison sur le croquis. Ensuite, reportez-y la première distance entre l'arbre et le premier angle de la maison en traçant, à l'aide d'un compas, un arc à l'endroit où se situe l'arbre. Procédez de la même manière avec la seconde mesure prise à partir du second angle de la maison. Le point de rencontre des deux arcs sur le plan correspond à l'emplacement de l'arbre sur le terrain. La figure 2 illustre cette méthode.

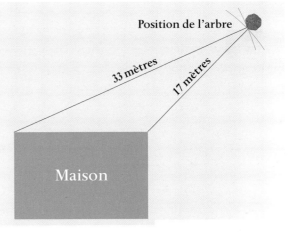

Figure 2
Localisation d'un arbre par triangulation obtenue à l'aide de deux mesures prises à partir des angles de la maison

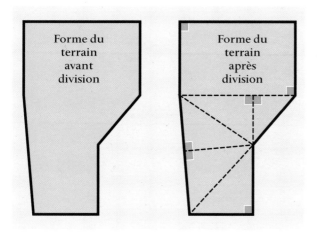

Figure 3

Division d'un terrain de forme irrégulière en cinq triangles et un rectangle

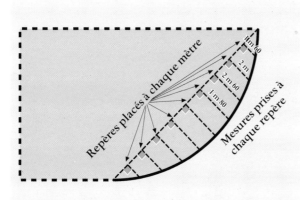

Figure 4

Exemple de quatre mesures prises à intervalle d'un mètre le long d'une droite reliant les extrémités d'une courbe

La décomposition des formes et les repères multiples

Certains terrains ont des contours irréguliers qui rendent la prise de mesures difficile. Les deux méthodes qui suivent, combinées si nécessaire à la méthode de triangulation, conviennent à ce genre de situation.

La première sert à mesurer la superficie d'un terrain délimite par plusieurs lignes brisées. Pour ce faire, décomposez le terrain en formes géométriques simples comme le carré, le rectangle et le triangle. La figure 3 en fournit un exemple.

La seconde méthode s'applique dans le cas de sections de terrain délimitées en partie par des courbes. Considérez la courbe comme un arc dont les deux extrémités peuvent être reliées entre elles par une ligne droite qu'on nomme la corde. Placez ensuite des repères le long de cette corde à des distances fixes, par exemple : à chaque mètre. En prenant, à chaque repère, une mesure perpendiculaire entre la corde et l'arc, on crée des points de contour que l'on peut transposer sur le croquis. Il suffit de tracer le contour en reliant les points entre eux. La figure 4 illustre cette seconde méthode.

Les dénivellations

La prise de mesures sur un terrain accidenté est simple à réaliser lorsque les dénivellations sont situées sur une surface relativement petite. Si celle-ci est très grande, un instrument spécialisé, le théodolite, est alors indispensable. Nous vous proposons deux méthodes : l'une avec un boyau d'arrosage rempli d'eau, l'autre avec un niveau.

Bien qu'un niveau soit peu coûteux, un boyau d'arrosage peut servir de substitut à un instrument dit niveau à fioles. Il s'agit de planter un piquet verticalement au sommet de la pente et d'y attacher fermement l'une des extrémités du boyau. Mesurez ensuite la distance entre cette extrémité et le sommet de la pente. Placez l'autre extrémité du boyau au bas de la pente à l'endroit où vous voulez mesurer la dénivellation et fixez-le également sur un autre piquet d'une hauteur équivalente au sommet de la pente. Ensuite, remplissez le boyau jusqu'à ce que l'eau atteigne le bord de chacune de ses extrémités lorsque vous élevez ou abaissez le bout du boyau au bas de la pente. Lorsqu'il n'y a plus de débordement d'eau aux deux bouts, ceux-ci sont au même niveau. Il suffit alors de mesurer la distance entre le second bout et le sol au bas de la pente et à soustraire la première mesure pour obtenir la dénivellation. La figure 5 vous fournit les détails de cette méthode.

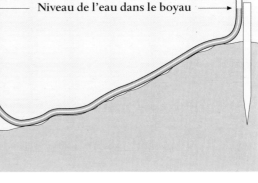
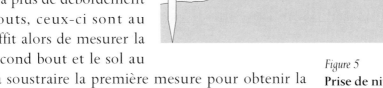

La seconde méthode nécessite un niveau, une planche et un piquet. Placez une extrémité de la planche au sommet de la dénivellation et plantez verticalement le piquet à l'autre extrémité. Posez ensuite le niveau sur la planche près du piquet. Relevez l'extrémité qui supporte le niveau jusqu'à ce qu'elle soit de niveau. Marquez alors sa position en traçant sur le piquet une ligne sous la planche. Il suffit de mesurer la distance entre le sol et la marque sur la planche verticale pour obtenir l'élévation. La figure 6 illustre cette seconde méthode.

Figure 5

Prise de niveau à l'aide de deux piquets et d'un boyau d'arrosage rempli d'eau

Une variante de cette dernière méthode vous sera particulièrement utile pour assurer la mise de niveau du contour de l'excavation d'un jardin aquatique relativement grand. Au lieu de placer la planche sur le dessus d'une dénivellation, il suffit de l'appuyer sur le contour dans un de ses axes. Enfoncez le piquet au centre du trou. Une fois la planche mise de niveau, tracez une ligne sur le piquet à l'endroit où ce dernier rencontre la planche. Recommencez la même opération en appuyant cette fois-ci la planche

sur le rebord opposé. Si les deux lignes que vous avez tracées sont au même endroit, les deux rebords sont au même niveau. Dans le cas contraire, il faudra abaisser le rebord le plus élevé ou remonter l'autre. Refaites ces deux opérations sur l'autre axe du contour du trou. Comme les quatre points sur lesquels vous avez appuyé votre planche sont désormais de niveau, il devient facile d'ajuster le rebord entre ceux-ci pour que tout le contour soit de niveau. Les figures 7 et 8 permettent de visualiser le processus.

Figure 6

Mesure de l'élévation au moyen d'un niveau, d'un piquet et d'une planche

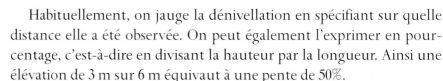

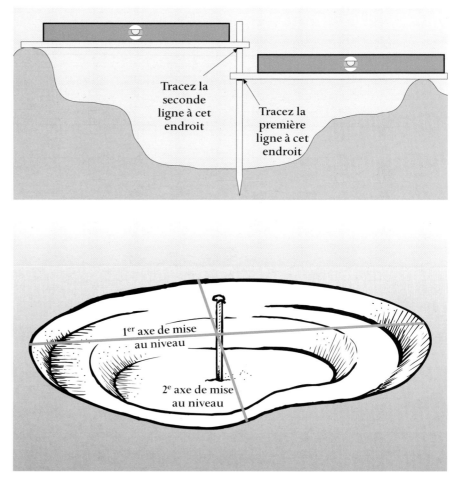

Figure 7
Axes de mise de niveau

Figure 8
Mise de niveau du contour

Habituellement, on jauge la dénivellation en spécifiant sur quelle distance elle a été observée. On peut également l'exprimer en pourcentage, c'est-à-dire en divisant la hauteur par la longueur. Ainsi une élévation de 3 m sur 6 m équivaut à une pente de 50%.

Les contours

Il arrive souvent que les terrains ne soient pas en pente régulière, mais comportent diverses sections dont chacune a une dénivellation différente sur une même distance. La représentation des lignes de contour de ces sections permet de mieux visualiser le relief sur un plan. Dans le cas où on désire créer un monticule, les lignes de contour permettent également d'en évaluer le volume. La méthode proposée s'inspire de la précédente et consiste essentiellement à considérer le monticule comme une succession de cônes tronqués. Pour ce faire, utilisez verticalement un piquet d'une hauteur fixe, par exemple 50 cm, et mesurez, pour un plateau donné, la longueur comprise entre le sommet du plateau et celui du piquet en vous

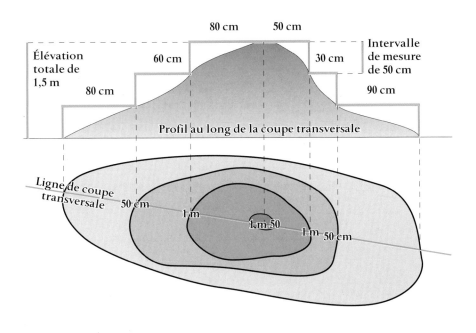

Figure 9

Lignes de contour calculées à partir d'élévations fixes de 50 cm

servant d'une planche placée à l'horizontale au moyen d'un niveau. En répétant cette opération dans plusieurs directions, on reporte ces longueurs sur un plan et on en trace le contour. La figure 9 illustre cette méthode.

Pour connaître le volume de terre requis pour créer le monticule précédent, il suffit de multiplier la surface moyenne du sommet et de la base d'un cône tronqué par sa hauteur. Répétez cette opération pour chaque cône tronqué. Dans l'exemple précédent, le volume serait :

1er cône tronqué

[0+((80 cm + 50 cm) x (80 cm + 50 cm)) / 2] x 50 cm = 0,42 m^3

2e cône tronqué

[((1,3 m x 1,3 m) + (1,4 m + 80 cm) x (1,4 m + 80 cm)) / 2] x 50 cm = 1,63 m^3

3e cône tronqué

[((2,2 m x 2,2 m) + (2,2 m + 1,7 m) x (2,2 m + 1,7 m)) / 2] x 50 cm = 3,16 m^3

Il vous faudrait donc :

(0,42 m^3 + 1,63 m^3 + 3,16 m^3) = 5,21 m^3 de terre.

Il faudra ajouter environ 20% de plus de terre pour tenir compte du compactage du sol effectué mécaniquement ou avec le temps.

LE RELEVÉ DU SITE
Les structures inertes

Le repérage des éléments structuraux inertes (résidence, remise, clôtures, etc.) devrait être votre première préoccupation au cours du relevé. Comme la plupart de ces éléments sont fixes, vous avez intérêt à bien les identifier pour en tirer le meilleur parti. La plupart du temps, le style de jardin aquatique sera conditionnel à ces éléments. Leurs formes, textures et couleurs vous aideront à mieux agencer les composantes que vous voulez utiliser en fournissant, par exemple, des éléments de rappel. Prenez des notes et même des photos des particularités de votre propriété ou reportez vos observations sur un croquis. Une feuille quadrillée dont chaque carreau représente une surface de 2 m^2, par exemple, vous servira à inscrire vos observations et mesures.

Passez en revue les points suivants et les opérations à effectuer lorsque vous arpenterez votre terrain.

Quelles sont les bornes de la propriété ? Tracez les limites de votre terrain sur un croquis après les avoir mesurées.

Est-il de forme rectangulaire ? carrée ? trapézoïde ? Indiquez l'emplacement des servitudes de passage. Si nécessaire, reportez-vous aux données du certificat de localisation.

Votre terrain est-il bordé par des murs, des clôtures ? Spécifiez leur localisation. Prenez note du style, de la nature des matériaux, de leur couleur.

Le terrain comporte-t-il des dénivellations ? Mesurez-les d'après la méthode appropriée qui est décrite plus haut.

La maison est-elle dans le même axe que le terrain ? perpendiculaire au terrain? Quelle est sa situation par rapport au nord ? Mesurez le « carré » de votre maison et localisez-la sur le terrain.

Quel est le style de la maison ? bungalow ? cottage anglais ? ranch ? L'architecture est-elle rustique ? contemporaine ?

Quelles sont la nature et la couleur du revêtement extérieur de la maison ? Brique rouge ? planches à déclin de bois blanc ? pierre des champs ?

Les structures ont-elles des formes, des motifs qui se répètent ?

Le découpage des espaces de la propriété est-il fortement caractérisé par des lignes droites ? La maison, les bordures, la plantation d'arbres ou la division du parterre accentuent-elles ces lignes ?

Les terrains adjacents comportent-ils des éléments structuraux tels des bâtiments ? Quelle importance a leur volume par rapport à celui des composantes structurelles de votre propre terrain ? Votre propriété comporte-t-elle du mobilier de parterre ? Des éléments de rangement, de jeu, des balançoires ? Quel est leur localisation ?

Cette visite du terrain vous a sans doute donné l'occasion de voir votre propriété sous un nouvel angle. Sentiment d'être à l'étroit ou sous le couvert d'arbres, ou au contraire, de se croire en plein champ. Accumulation de lignes droites et perpendiculaires comme dans une ville nord-américaine, îlots de végétation sans lien entre eux, terrain plat comme une crêpe, couleurs étranges… Retenez bien ces impressions, puisque les diverses solutions que nous vous apportons serviront à modifier ces détails ou à les mettre en valeur. Elles vous permettront d'accentuer un style, de diviser les espaces en fonction de leur utilisation, d'envisager l'installation de zones de transition, de mettre en évidence les éléments de base qui soulignent l'unité et l'harmonie de l'aménagement.

Les structures d'origine vivante

Une seconde série d'observations a trait d'abord aux structures d'origine vivante (arbres, arbustes, plates-bandes, pelouse) de la propriété et ensuite aux zones d'ensoleillement. Pour déterminer ces dernières, promenez-vous autour de chez vous à différents moments de la journée afin de mieux connaître l'étendue des zones d'ombre et d'ensoleillement. Ce détail est essentiel pour la réussite d'un jardin aquatique. Si vous ne connaissez pas grand-chose en botanique, faites provision de catalogues dans les centres-jardin. Sinon, photographiez les espèces végétales de votre terrain et montrez-les à un représentant d'un de ces centres ou de la société horticole de votre localité. Ceux-ci se feront un plaisir de les identifier et d'en décrire les caractéristiques.

Vous voilà enfin prêt pour la seconde série de questions :

Où la végétation est-elle localisée ? Les pelouses, les plantes, les arbres, les arbustes ? Selon le cas, évaluez-en la superficie, l'étalement du feuillage ou la hauteur. Reportez les résultats sur votre croquis.

Les terrains adjacents comportent-ils des éléments tels que des monts, des collines, des arbres ?

Les diverses sections du terrain jouissent de combien d'heures d'ensoleillement ? Reportez sur un croquis les zones ensoleillées et les zones d'ombre. Indiquez la durée d'ensoleillement de chaque zone.

Dans quelle direction le vent souffle-t-il sur votre propriété ? Reportez sur croquis les corridors de circulation du vent et les zones d'accalmie.

Connaissez-vous la zone de rusticité dans laquelle vous êtes situé ?

Prélevez plusieurs échantillons du sol pour en connaître la composition (argileux, sablonneux, organique, etc.), la teneur en oligo-éléments (azote, potasse, calcium, etc.), le pH (acide, alcalin, neutre). Les centres-jardin qui ne peuvent procéder eux-mêmes à ces tests vous orienteront vers les services appropriés.

LES NORMES MUNICIPALES

Précédemment, nous vous avons suggéré de lire attentivement le certificat de localisation de votre propriété afin de connaître les diverses servitudes qui y sont rattachées. Les compagnies de téléphone, d'électricité et de câblodiffusion jouissent généralement de droits de passage que vous devez respecter, sous réserve d'en être exemptés.

D'autres contraintes, administratives cette fois, peuvent également limiter votre projet d'aménagement. Plusieurs municipalités ont, en effet, des règlements qui imposent des distances minimales (façade, côtés ou arrière-cour) en deçà desquelles on ne peut ériger de construction. D'autres exigent un permis avant d'entreprendre un aménagement paysager ou même de planter un arbre. Pour des raisons de sécurité, certaines assimilent un jardin aquatique à une piscine ou à un spa; ils peuvent exiger, si la profondeur varie de 40 cm à 50 cm, que vous clôturiez le plan d'eau et en limitiez l'accès par une porte munie d'un verrou. Consultez les services municipaux avant de faire le plan définitif de votre projet.

Sans qu'elles soient de nature réglementaire, d'autres contraintes peuvent jouer. Vérifiez, en effet, l'existence éventuelle de câbles souterrains ou de canalisations avant de procéder à toute excavation. Vous vous éviterez de mauvaises surprises avec la compagnie d'assurances qui vous couvre.

LA CONCEPTION

Vous disposez désormais de tous les renseignements voulus pour entreprendre la conception de votre aménagement paysager et, par le fait même de celui de votre jardin aquatique. Il ne vous manque que quelques données pratiques sur la façon de procéder.

Le découpage des espaces

Idéalement, le terrain devrait comporter quatre zones ou aires dont chacune a une fonction précise : l'aire de récréation, l'aire de rangement, l'aire de repos et l'aire réservée aux repas pris à l'extérieur.

L'aire de récréation comprend les balançoires, le carré de sable, la piscine, le spa, etc., et, pour des raisons évidentes, doit être située à une certaine distance des aires de pique-nique, de repos, et des zones de végétation. Si vous avez des enfants en bas âge, il est néanmoins important de la placer de manière qu'elle soit visible des pièces de la maison que vous occupez souvent : cuisine ou salle de séjour.

L'aire de rangement, soit la remise ou quelque autre abri, sera de préférence camouflée à la vue. Ces constructions préfabriquées s'harmonisent rarement avec le style et les couleurs de la maison.

L'aire de repos sera le plus près possible de la porte d'accès à la cuisine afin d'éviter des déplacements inutiles. Situez-la dans un endroit éclairé, mais non exposé à la lumière directe du soleil.

L'aire de repas consiste généralement en un patio adjacent à la maison et prolongeant son style architectural. De nos jours, on reconnaît de plus en plus d'attrait à des composantes distinctes telles une pergola, une gloriette, un gazebo. Mais à la limite, cette aire peut n'être constituée que par un simple banc de bois placé près de la végétation ou adossé à une haie. Une zone fraîche et bien éclairée est idéale. On voit déjà qu'un jardin aquatique, de par sa nature, s'intègre davantage à l'aire de repos qu'aux autres aires dans la mesure où certaines normes de localisation sont respectées.

Par ailleurs, l'aménagement de voies de communication reliant les aires entre elles vous permet de mettre en évidence certaines composantes ou, au contraire, d'en dissimuler certaines autres en dirigeant le promeneur vers des endroits précis.

La végétation déjà sur place ou celle que vous désirez planter contribuera également au découpage de la propriété et à l'agrément des aires mentionnées précédemment. C'est dire que vous devez connaître la nature du sol (sablonneux, argileux, organique), son pH (alcalin, acide, neutre) et son degré d'ensoleillement si vous désirez favoriser la croissance de végétaux aptes à relier les zones entre elles par le biais d'une dominante. Celle-ci peut être une variété de plante, une nuance de fleur ou de feuillage qui créera l'harmonie et l'unité tant recherchées par les spécialistes.

Un aménagement paysager ne se borne pas à une série de techniques qui visent à sélectionner la végétation et les ornements de parterre. C'est l'art d'organiser de façon fonctionnelle et esthé-tique un espace parfois limité en recourant à des composantes naturelles et artificielles qui, de prime abord, ne sont pas destinées à être combinées. Bref, le défi consiste à faire en sorte que le tout puisse parfois être plus que la somme des parties.

LE PLAN PRÉLIMINAIRE

Utilisez un papier quadrillé dont chaque carré correspondra à une partie de votre terrain. Par exemple, un carré pourra représenter une superficie d'un mètre. Si votre terrain est très grand, vous pouvez lui donner une valeur plus grande, cinq mètres par exemple. Inscrivez les mesures et relevés effectués ainsi que les observations. Localisez d'abord les aires de repos, de repas, de rangement et de récréation en les reliant par des voies de communication. À ce stade, ne cherchez pas à tout délimiter avec précision. Créez plutôt l'équilibre entre les espaces vides et les espaces occupés en envisageant les textures, les formes et les couleurs des éléments déjà installés ou projetés.

Au besoin, superposer un papier à tracer par-dessus le croquis de base. Vous pourrez alors esquisser plusieurs plans préliminaires sans devoir recommencer le dessin. Vous voilà désormais prêt à situer exactement votre jardin aquatique.

Les critères de localisation d'un jardin aquatique

Qu'il s'agisse d'un bassin ou d'un étang artificiel, on cherchera à satisfaire tous les critères de localisation propres au concept de jardin aquatique et on y portera une attention particulière afin de garantir la qualité du résultat final. Pour faciliter le report du plan d'eau sur votre terrain, servez-vous d'une corde ou d'un boyau d'arrosage, délimitez-en le pourtour et analysez-le à l'aide des critères suivants.

Le premier est sans contredit l'ensoleillement. Les renseignements recueillis lors du relevé devraient vous avoir aidé à cerner la ou les zones d'ensoleillement maximal, habituellement du côté ouest ou sud de la propriété. Un minimum de 10 à 12 heures de luminosité et de 6 heures d'ensoleillement direct est requis pour la plupart des nymphéacées. Même si certaines variétés rustiques de nymphéas comme le *Nymphæa* 'Sirus' ne réclament que trois heures d'ensoleillement direct, ou même si d'autres plantes comme le nénuphar jaune (*Nuphar advena*) fleurissent à l'ombre, vous limitez la diversité du plan d'eau si vous optez pour un endroit moins favorable. Si le site comporte des sections ombragées, installez-y un bassin de réception d'eau, un ruisseau ou une cascade et réservez l'espace ensoleillé au plan d'eau principal. Si vous êtes limité par l'espace et que vous souhaitez garnir votre jardin de nymphéas, envisagez l'installation d'un petit récipient, demi-baril de bois ou jarre de terre cuite, que vous rendrez étanche à l'aide d'une toile de CPV. Plantez-y une variété naine ou dont l'étalement est faible. Enfin, si vous n'avez pas d'attrait particulier pour les nymphéacées, sachez que plusieurs autres plantes aquatiques se développent très bien à l'ombre. C'est le cas de l'aponogéton (*Aponogeton distachyus*) qui requiert plus d'ombre que de soleil et produit une fleur semblable à l'orchidée tant par la forme que par le parfum.

En accordant priorité à cette première exigence, vous augmentez la possibilité de satisfaire au second critère soit l'éloignement des arbres à feuillage caduc. La chute et la décomposition des fleurs printanières, des fruits estivaux et des feuilles d'automne constituent autant de risques de briser l'équilibre biologique du jardin aquatique. Le tannin de certains arbres, dont le chêne, augmente l'acidité de l'eau et est nuisible pour les poissons. Si le site projeté n'est pas suffisamment éloigné des arbres, munissez-vous d'une épuisette à manche extensible dont on se sert pour nettoyer les piscines. Peu coûteuses, elles se révèlent indispensables à certaines périodes. À l'automne, recouvrez le plan d'eau d'un filet pour retenir les feuilles mortes. Par ailleurs, si vous souhaitez planter des arbres à proximité du jardin aquatique, optez pour des conifères ou des arbustes à feuillage persistant. Les pépinières disposent actuellement d'un vaste choix dans les variétés, les hauteurs, les textures et les couleurs. Au surplus, ce type de végétation entretient l'esthétique de votre jardin aquatique tout au long de l'année.

L'accessibilité aux composantes vient à la troisième place dans les critères de localisation. Même si un jardin aquatique nécessite moins d'entretien qu'un jardin ordinaire, il faut pouvoir accéder facilement aux diverses composantes en cas de bris ou pour le soin des plantes. Pensez-y avant de construire un patio, une terrasse ou une jetée qui s'étendrait au-dessus d'une section du plan d'eau. Cette partie de la construction devra pouvoir s'enlever aisément pour accéder à la structure de rétention d'eau, aux canalisations ou au système d'éclairage. L'accessibilité est également importante si les phases de la construction s'étalent sur plusieurs années. Prévoyez ces futures composantes dans votre projet et déterminez-en les points de jonction de façon à pouvoir y accéder plus tard sans devoir modifier les sections déjà construites. La proximité des prises électriques extérieures et des sorties d'eau entre également en ligne de compte bien que leur extension s'effectue généralement sans trop de problèmes.

En particulier dans le cas de l'étang artificiel, un jardin aquatique est avantagé par la création d'un microclimat qui favorise le développement de la végétation et le maintien de l'équilibre biologique. Un corridor de vents peut contrecarrer les effets du très bon ensoleillement et de l'éloignement des arbres. L'absence de vents forts constitue donc le quatrième critère, car cet élément accélère l'évaporation, refroidit la température de l'eau, surtout si elle est peu profonde, et ralentit la floraison des plantes aquatiques tropicales. Au besoin, abritez l'étang des vents forts au moyen d'une haie ou de variétés naines de conifères.

Le cinquième critère a trait au déversement des eaux de pluie, quoique celui-ci ne soit pas un obstacle insurmontable. Un plan d'eau placé au bas d'une pente risque de servir de trop-plein aux eaux pluviales et aux particules de terre qu'elles entraînent. En plus de troubler l'eau, l'apport de sels minéraux ou de fertilisants chimiques contenus dans le sol rompt l'équilibre biologique ou peut intoxiquer les poissons. Les couvre-sols minimisent l'érosion, mais n'arrêtent pas totalement le ruissellement lorsque la dénivellation est forte. Pour y parer, observez par temps de pluie la direction que suit la coulée d'eau en provenance d'une pente et tracez sur plan le contour de votre projet en conséquence. Si nécessaire, forcez l'eau à s'évacuer vers une direction appropriée par un remblai de protection ou un drain français. Le même genre de précaution doit être pris contre les inondations.

Le dernier critère concerne les zones de végétation que vous envisagez de traiter par des arrosages de produits chimiques, en particulier des fertilisants ou des pesticides. Ces produits ne sont pas nécessairement adaptés aux organismes des milieux aquatiques et peuvent leur causer de sérieux torts.

L'espace et la perspective

À partir du relevé du site, la configuration et la division de votre propriété en zones de végétation et de loisirs vous sont sans doute devenues plus évidentes. Certains défauts peuvent être corrigés en jouant sur la perspective pour l'accentuer davantage ou en créer une nouvelle. Selon le point focal qui mobilise notre attention, notre perception de la perspective s'en trouve modifiée. Cela s'explique notamment par la présence ou l'absence d'objets intermédiaires de dimension connue qui permettraient d'établir leur position relative par rapport à un autre et d'apprécier les divers angles, distances et élévations qui en résultent.

La présence de nombreuses lignes droites accentue l'impression d'un terrain trop long. Il est possible de modifier cela en forçant le regard vers des éléments intermédiaires, par exemple des plates-bandes bordées de courbes. Celles-ci peuvent être établies le long des diagonales tracées sur la section de terrain dont on peut modifier la perspective. La symétrie créée par les lignes droites est alors brisée par les nouveaux points focaux introduits.

Une autre technique utilisée depuis des siècles par les Japonais consiste à diviser la section de terrain à aménager d'abord en trois sur le sens de la longueur, puis en trois dans celui de la largeur, comme l'illustre la figure 10. Les points A, B et C représentent respectivement l'avant-plan, le plan intermédiaire et l'arrière-plan. On peut atténuer l'effet de profondeur en installant à l'avant-plan et au plan intermédiaire de la végétation d'une hauteur telle que lorsque nous sommes placés à l'avant-plan, elle paraisse avoir la même hauteur que celle de l'arrière-plan. On a intérêt à entretenir cette illusion d'optique au fur et à mesure que l'on se rapproche du plan intermédiaire et que le regard se porte vers l'arrière-plan. On peut recourir à un groupe d'arbustes ou d'arbres de variété naine selon la profondeur du terrain et la

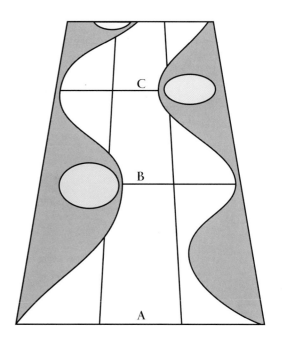

Figure 10
Axes de localisation des jeux de perspectives

végétation déjà présente à l'arrière-plan. Les pierres que l'on voudrait installer seront sélectionnées de manière que leur masse apparente se conforme également à cette règle. Ces éléments sont disposés dans les zones encerclées pour créer un équilibre asymétrique et masquer les aires ouvertes lorsqu'on est à l'avant-plan. On peut, en revanche, prolonger la perspective en procédant inversement, c'est-à-dire en plaçant à l'avant-plan une végétation haute, au plan intermédiaire une végétation plus basse et à l'arrière-plan des arbres de variété naine, en ayant soin de conserver leur positionnement asymétrique sur les axes.

On peut également modifier l'effet de profondeur en le prolongeant par une dénivellation ascendante ou, au contraire, en l'atténuant par une dénivellation en pente. Il faut se rappeler que cette modification de la perspective ne vaut que si l'on dirige le regard à partir d'un point précis vers un autre. Il faut donc bien sélectionner les points focaux en évitant de les multiplier si l'on veut un ensemble qui soit cohérent. Si vous avez constaté, lors du relevé du terrain, que la propriété comporte une échappée sur de la végétation, une montagne, un lac ou une rivière, concevez l'aménagement en fonction de ce paysage comme le font d'habitude les paysagistes orientaux et répartissez en conséquence les jeux de perspectives. Dirigez subtilement le déplacement des promeneurs vers les points focaux en les incitant à suivre un parcours précis suggéré par un sentier, un chemin sinueux, etc.

Bien que les règles précédentes conviennent également à un petit terrain, elles doivent néanmoins être adaptées aux particularités du lieu. Sur un terrain entouré de structures élevées, comme le sont les cours intérieures en ville, il faut davantage songer à l'utilisation de verticales et souligner les lignes de perspective moins au niveau du sol qu'à hauteur des yeux. Des arbustes de moyenne et de grande taille dont on n'aura conservé qu'une ou deux tiges, ainsi que des paniers suspendus, sont des éléments qui captent le regard en forçant la perspective à jouer et sur la largeur des structures verticales qui supportent les paniers, et sur le diamètre des tiges d'arbustes.

LES STYLES PARTICULIERS

Nous avons fait état, dans le premier chapitre, des deux types principaux de jardins aquatiques : le bassin et l'étang. Nous avons également souligné le fait que ces jardins exprimaient les tendances et les caractéristiques culturelles de ceux qui les construisaient. Les possibilités de concevoir un jardin aquatique spécifique par sa taille et sa forme – bref, conforme à vos goûts – sont illimitées. Il reste que les styles chinois, japonais et mauresque, pour n'en nommer que trois, résultent de la combinaison d'un des types mentionnés précédemment et de l'utilisation de certaines composantes. Les descriptions qui suivent sont celles de jardins aquatiques de dimensions restreintes qui sont davantage destinés à des demeures particulières qu'à de grands espaces publics.

Le jardin chinois

Malgré l'immensité de son territoire, la Chine a puisé tant chez les diverses sous-cultures qui la constituaient que chez les pays voisins une source inimaginable de références. Elle les a assimilées au cours des siècles, pour ne pas dire des millénaires, en les raffinant à l'extrême pour mieux en profiter sur les plans matériel et spirituel. À travers cette expérience, une dominante ressort : l'amour de la nature. Il n'est donc pas étonnant de constater à quel point le jardin chinois est marqué par ce lien étroit que ce peuple a établi entre l'homme et la nature. Le concepteur du jardin ne se limite pas à en tracer le contour, à définir la nature et l'importance de ses composantes. Il s'ingénie à faire apparaître toute la beauté du lieu à partir d'un site a priori quelconque, un peu comme cet artiste qui disait que l'objet qu'il sculptait était déjà dans la pierre et qu'il se bornait à enlever le superflu. Cette analogie est loin d'être une

Le jardin chinois du Jardin botanique de Montréal est l'un des plus beaux en Amérique du Nord.

coïncidence. En effet, la conception et la réalisation d'un jardin ont traditionnellement été considérées par les Chinois comme une forme d'art supérieure et non une simple organisation de l'espace à l'aide de végétaux, de pierres et d'eau. Les premiers créateurs de jardins étaient d'ailleurs des maîtres de la peinture. Il n'est donc pas étonnant que les canons, principes et règles observés par les peintres il y a plus de mille ans aient été et sont encore à la base de toute préoccupation des concepteurs de jardins en Chine. Le maître-jardinier chinois ne recrée pas la nature, il accentue la présence de « ce qui est » pour mieux en comprendre et en révéler la beauté. Il n'interprète pas, il restitue plutôt ce qu'il a assimilé pendant de nombreuses années d'observation.

C'est vers la fin de la dynastie Ming (1368-1644) qu'a été rédigée ce que l'on considère encore de nos jours comme la théorie du jardinage chinois. En effet, dans son ouvrage *Yuan Zhi* (Le jardinage), Ji Cheng (1582-1634) décrit l'ensemble des références qui expliquent les liens entre la peinture et le jardinage. Il relève cinq points à observer dans la démarche du concepteur.

L'*à propos* ou, si l'on veut, la pertinence, vient en premier lieu et vise à ce que chaque composante soit à sa place et soit en relation de causalité immédiate ou prochaine avec les autres. On peut y déceler une certaine analogie avec le principe de l'équilibre.

L'*opportunité* suit logiquement cette démarche et permet à celui qui connaît la cause de chaque composante de l'utiliser à bon escient. On ne décèle donc pas de véritable contrainte, mais plutôt une mauvaise utilisation de ce qui se trouve sur place, ce que le principe de l'harmonie dans l'aménagement occidental essaie de corriger.

Le *raffinement*. On dit souvent des jardins chinois qu'ils se caractérisent par leur exubérance. Certes, lorsqu'on contemple les pavillons de certains de leurs jardins, on est porté à le croire. Toutefois, si les matériaux sont de très haute qualité, il n'y a cependant ni faste inutile ni exagération, mais plutôt un ensemble savamment dosé de détails méticuleux qui donne un effet de raffinement incomparable.

La *simplicité*. Ce point sous-tend la démarche du concepteur. Il indique également dans quel sens doivent aller les points précédents. À moins que le jade soit déjà présent près du site envisagé pour un jardin, le concepteur lui préférera le gypse plus modeste dont il accentuera les qualités au point de le rendre aussi attirant que la pierre fine.

L'*inattendu*. Alors que dans l'aménagement occidental, le contraste joue sur les formes, les couleurs, les volumes et les textures, l'inattendu exige du concepteur chinois qu'il intègre également une autre dimension, le contexte, dans sa démarche de réduction de la monotonie. La surprise et l'émerveillement qui en résulteront ne sont plus uniquement le produit d'un arrangement asymétrique ou géométrique de composantes dont on connaît les caractéristiques, mais l'orchestration de plusieurs aménagements dans un même ensemble, chacun conservant malgré tout une certaine autonomie et un lien de causalité avec les autres. Les points focaux seront donc nombreux et diversifiés.

On conçoit dès lors l'importance de l'évaluation initiale de la topographie et des autres caractéristiques du site. Les pierres (l'ossature de la terre), l'eau (le sang de la terre) et la végétation (l'habillement de la terre) en constitueront les composantes essentielles, alors que les pavillons marqueront la présence complémentaire de l'homme tout en préparant, par leur aménagement interne, le visionnement de nouveaux points focaux. Le plan d'eau sera au centre de l'aménagement et aura un contour irrégulier, mais sa superficie sera moindre que celle du sol qui l'entoure. Les pierres seront fréquemment empilées selon des formes classiques : l'épée (Jian Le Shi), la forteresse (Baolei Shi), les couches de nuages (Yunceng Shi), la pyramide inversée (Fule Shi) et l'escalier (Pili Shi). Ces arrangements formeront le fond de scène principal souvent complété d'un groupement secondaire de pierres.

Le jardin sera bordé d'un mur où l'on percera des portes rondes ou en forme de trèfle à quatre feuilles. Des ponts arqués du type « clair de lune » permettront au visiteur de franchir les ruisseaux qui relient les étangs et les lacs. La végétation vivement colorée sera disposée pour émerveiller le visiteur tout au long de l'année. Parmi les espèces rustiques au Québec qui s'intègrent bien dans un jardin de type chinois, mentionnons les variétés de pins et de cèdres, le saule pleureur, l'if, ainsi que l'azalée et le rhododendron, les chrysanthèmes, les asters, les dahlias, les narcisses, les lotus, les nymphéas, les pivoines, les salicaires, les glaïeuls et les roses.

Bien que la plupart des jardins chinois soient relativement grands, la conception de jardins de résidence suivra les mêmes règles sans chercher à réduire l'échelle des composantes pour les adapter à l'exiguïté du terrain.

Le jardin japonais

Le jardin japonais fait des emprunts aux caractéristiques géographiques, religieuses et sociales du pays; soit respectivement l'exiguïté de son territoire, le shintoïsme et le bouddhisme ainsi que l'organisation relativement rigide d'une structure sociale qui favorise les stéréotypes collectifs. Il en résulte des archétypes omniprésents dans l'art de cette civilisation. Le jardin japonais n'est plus uniquement une simple reproduction à l'échelle de la nature, mais la manifestation d'une recherche constante de son essence considérée globalement et dans chacune de ses composantes. Il doit inciter à la sérénité et suggérer à celui qui le contemple la fragilité en lutte perpétuelle avec la force sans qu'on puisse entrevoir la disparition de l'une au profit de l'autre. L'expression de cette polarité du *ying* et du *yang* suit toutefois des règles précises qui, malgré leur évolution à travers les siècles, en préservent la vision initiale.

Le jardin japonais fera donc appel à des composantes prédéterminées, chacune ayant une connotation particulière par rapport aux archétypes nommés précédemment. Ces composantes sont organisées de telle sorte qu'elles constitueront plusieurs points de vue conçus selon les règles de la perspective forcée décrite plus haut et qui veillent à préserver une cohérence d'ensemble quant à leur taille. Bien que les diverses périodes de l'histoire du peuple japonais soient caractérisées par des jardins stéréotypés, nous vous présentons les composantes de l'un de ceux-ci. Elles s'inspirent du jardin de thé de l'époque Muromachi. Le concept de base de ce jardin est le Roji ou route, et vise, par l'intermédiaire d'un parcours savamment organisé, même sur une superficie restreinte, à dérouter l'invité ou à lui faire perdre les repères de temps et d'espace de sa vie régulière pour mieux apprécier la voie du thé ou chado.

On est donc en présence d'un étang artificiel qui n'est pas la destination finale d'une promenade, mais un élément qui se trouve « par hasard » sur le parcours et nous incite à la sérénité avant de parvenir à la maison de thé. Le contour de l'étang reproduit les divers types de berges que l'on observe dans la nature (galets, pierres, sable) sans qu'il y ait rupture entre eux. Un sentier de pierres plates usées par le temps et entourées de mousse permet d'y accéder et de s'en éloigner. Les intervalles entre ces pas japonais ou Tobo-ishi ont été calculés tantôt pour accélérer le rythme du promeneur en l'obligeant à prendre un élan pour passer de l'un à l'autre, tantôt pour ralentir sa progression en les rapprochant. Si le propriétaire du jardin veut attirer l'attention sur un point de vue particulier, il placera une pierre plate plus large dans le même axe que le point de vue proposé. Le propriétaire mouillera ces pierres juste avant l'arrivée de ses invités pour mieux en faire ressortir les caractéristiques et accentuer les contrastes. Elles pourront être disposées sur une partie de l'étang dans le but d'accéder à un nouveau point de vue. S'il n'en dispose qu'une sur le bord de l'eau, le gué ainsi créé devient une presqu'île ou péninsule pour l'observateur.

Bien que les Japonais aient une prédilection pour les chrysanthèmes et les iris, on ne trouve que rarement ces fleurs sur le bord des étangs. Le Japonais réduit au minimum les couleurs vives dans son jardin et donne plutôt la préférence aux divers tons de vert fournis par les arbres et arbustes à feuillage persistant qui lui permettront de jouir du décor tout le long de l'année. Les branches des arbres sont émondées et orientées de manière à exprimer la fragilité qui s'oppose au tourment des éléments naturels. Leur disposition suit les normes de découpage d'espace et de perspective forcée décrites plus haut. Il ne faut pas confondre l'entretien des arbres et arbustes d'un jardin japonais avec celui des bonsaïs. Bien que ces derniers s'inspirent de la même préoccupation, ils relèvent d'un autre domaine et leur place n'est pas dans un jardin japonais.

L'étang peut être traversé par un pont, ou celui-ci peut limiter l'accès à une petite île. La dimension du pont doit être calculée en fonction de celle du jardin aquatique. Si l'étang est peu étendu, la rampe dont on garnira le pont aura une hauteur proportionnelle, devenant ainsi plus décorative que fonctionnelle. Les jardins japonais utilisent divers modèles de ponts : le pont en dalles de pierre, le pont en sections de planches disposées à l'horizontale et croisées à angle droit, le pont en terre supporté par de solides travées ou le pont de bois légèrement arqué. Les ponts en dalles de pierre ont de chaque côté un groupe impair de pierres ferme-ment ancrées, dont une à la verticale, et rassurent le promeneur sur la solidité de l'ensemble. Les ponts en sections de bois placées à angle droit ont un rôle précis : aider le passant à échapper aux mauvais esprits qui ne peuvent se mouvoir qu'en ligne droite. Le pont de terre rappelle au passant la force de la nature qui va jusqu'à reconquérir la structure bâtie par l'homme.

Lanterne dite yukimi-gata. (Jardin botanique de Montréal)

On retrouve sur le sentier ou le bord de l'étang une lanterne de pierre ou, camouflée en partie par la végétation, une pagode, toutes deux guidant et protégeant spirituellement et physiquement le promeneur en tant que source de connaissance et de lumière. Plus elles ont été burinées par les éléments naturels, plus elles sont couvertes de mousse, plus elles marquent l'emprise de leur raison d'être sur le temps. On va jusqu'à les vieillir artificiellement pour produire cet effet. Mentionnons que la lanterne comporte six parties : le kasa ou abat-jour, le hibukuro ou foyer, le chudai ou section centrale, le sao et le gedai, respectivement pilier et socle.

La cérémonie du thé dont le rituel est fixé dans les moindres détails se passe dans le silence. Pour s'apparenter à ce calme, le sentier, par son tracé et par des points de vue qui invitent à méditer, ralentit donc le rythme du promeneur. Pour se purifier le corps et l'esprit, on place très près du sol une pierre creuse que l'on nomme Chozubachi. Elle est alimentée en eau par une petite canalisation en bambou (kakeki) et elle est garnie d'une écuelle également en bambou. De part et d'autre, on installe deux pierres plates, l'une supportant une lanterne de pierre, l'autre, un linge et un petit seau de bois rempli d'eau chaude. La seule façon d'accéder à ces objets, rite préliminaire à la cérémonie du thé est de s'agenouiller sur une dernière pierre plate placée juste devant l'évier de pierre. Les Japonais se servent du mot Tsukubai, « lieu où l'on doit s'agenouiller », pour décrire cette disposition des lieux. Une fois cette marque de respect accordée, l'invité prend place sur un banc de bois et contemple de nouveaux points de vue jusqu'à ce que l'on vienne l'engager à participer à la cérémonie du thé. Sachez que la présence de l'eau dans votre aménagement paysager peut se limiter à une zone « japonaise » constituée uniquement du Tsukubai et du Chozubaki. La maison de thé sera rustique et relativement petite. L'hôte se tient habituellement près de la porte et attend son invité sur une pierre plate qui porte d'ailleurs son nom, la « pierre de l'hôte » et qui dépasse légèrement en hauteur les autres pas japonais.

Le jardin japonais comporte souvent plusieurs étangs ou petits lacs reliés entre eux par des ruisseaux. On observe parfois dans ceux-ci des tubes de bambou qui se remplissent et se vident sans cesse en émettant un bruit sec. Ce petit artifice est un Shishi odoshi ou « épouvantail à cerf » dont le claquement rappelle celui de la baguette appliquée sur l'épaule d'un disciple et que l'on entend à intervalles réguliers dans les dojos zen. Il empêche celui qui médite de succomber à la torpeur que cause l'alternance de la détente et de la concentration.

Le jardin maure

L'Empire romain byzantin et l'Empire perse du IVe siècle av. J.-C. sont considérés à bien des égards comme les cultures dominantes de l'époque. L'Empire romain occidental a déjà subi le contrecoup de la paix romaine et a connu un effritement irréversible à la suite des tensions dans les provinces, des récoltes des esclaves et surtout de la léthargie des Romains davantage préoccupés par le loisir. Les Perses Saracènes que l'on désignera par la suite comme les Sarrasins se démarquent de plus en plus par l'abandon progressif du fonctionnement tribal anarchique qui se traduit par le renforcement d'un ensemble de règles sociales jusqu'alors non écrites. Ainsi, même les razzias (ghazwa) s'effectuaient selon un code établi par l'usage. On se permettait de voler les biens, mais sans tuer les membres du clan adverse. Le Coran qui ne consistait à l'origine qu'en récitations de nature religieuse régit peu à peu les comportements sociaux. La solidarité religieuse doit également se manifester dans les gestes de tous les jours et souligner ainsi la soumission à Allah et l'intégration à la communauté.

Ce modèle de société relativement simple, mais adopté par tous, se reflète dans l'art et l'architecture. Il n'est donc pas étonnant d'y constater la présence du style conventionnel et de l'agencement symétrique. Tout au plus cherche-t-on à contrebalancer les structures lourdes par des éléments plus légers. Les quatre minarets qui entourent le pavillon central du Taj Mahal en sont un exemple.

Le jardin maure prolonge cette vision de la société musulmane. On répète les motifs géométriques et les formes inspirées du Coran sur les mosaïques des murs et des plafonds. L'eau, un bien précieux, symbole de pouvoir et de richesse, est souvent présente dans des bassins peu profonds protégés du vent par des murs élevés. Pour tromper l'œil, on a recours à des revêtements de couleur foncée. De multiples jets projettent de légers filets d'eau et créent des micro-climats humides qui font contraste avec les zones arides et sèches des contrées arabes. Mis à part les jardins construits sous la période mauresque, peu de jardins occidentaux optent pour ce style. Celui de Longue Vue en Louisiane est le mieux connu de tous.

Le jardin québécois

Existe-t-il un style québécois de jardin? Certains l'assurent. D'autres affirment que l'influence des jardins à l'anglaise conçus pour les cottages se rapproche beaucoup du style que l'on observe au Québec. Quoi qu'il en soit, la rigueur de notre climat a obligé les horticul-teurs, les paysagistes et les jardiniers à sélectionner savamment des plantes bien adaptées et à explorer des thèmes qui se traduiront peut-être par des règles qui reflètent notre culture. L'engouement récent des jardiniers amateurs pour les jardins aquatiques contribuera certainement à ouvrir une nouvelle fenêtre sur notre aménagement paysager.

II

LA CONSTRUCTION D'UN JARDIN AQUATIQUE

Vous avez désormais une bonne idée de ce qu'est un jardin aquatique. Vous en connaissez les composantes et leurs rôles respectifs. Vous êtes même disposé à concevoir un aménagement paysager où le jardin aquatique prendra place parmi les autres secteurs d'utilisation de votre propriété. Il reste à prendre une décision importante : réaliser vous-même le projet ou le commander à une entreprise spécialisée.

La deuxième solution coûte certes plus cher que la première. La firme vous fournit cependant son savoir-faire et vous garantit un travail plus rapide basé sur la conception d'un projet qui s'harmonisera avec l'ensemble de l'espace dévolu à votre propriété. Les firmes spécialisées dans ce genre d'aménagement sauront vous proposer diverses options dont l'aménagement de type « clé en main » incluant la conception, la réalisation et le suivi initial du jardin aquatique, ou un aménagement de type « partenariat » où certaines étapes sont prises en charge par la firme, d'autres par vous-même. Dans les deux cas, réclamez un contrat qui détaille les coûts et comporte un plan et une garantie. Commandez des devis à plusieurs entreprises et exigez des détails précis sur l'équipement, les matériaux et la main-d'œuvre requis par chacune. Bref, procédez de la même manière que pour une rénovation domiciliaire.

Si vous projetez de construire vous-même un jardin aquatique, le fait qu'il coûte légèrement plus qu'un jardin ordinaire ne devrait pas constituer un obstacle. Au lieu de tout faire en une fois, vous pouvez planifier sa réalisation étape par étape en les répartissant sur plusieurs saisons. Ainsi on peut débuter par un étang, y ajouter par la suite un ruisseau et une chute et terminer par l'installation de luminaires et d'un système d'alimentation automatique d'eau. Chacune de ces opérations est relativement simple à réaliser soi-même. Pour vous permettre de mieux évaluer l'importance que la réalisation d'un tel projet peut représenter pour vous, nous en décrivons les étapes dans le prochain chapitre.

LE PLAN D'EAU

L'EXCAVATION

QU'IL s'agisse d'un bassin classique ou d'un étang artificiel, l'excavation du terrain représente la première étape de la réalisation du projet. Nous examinerons donc les types d'excavations relatifs à la construction d'un étang artificiel ou d'un bassin ordinaire en paliers ou en pente. Nous verrons également des modèles d'excavations qui s'appliquent à des projets tels que le Tsukubai, les jeux d'eau et la pose de pierres. Rappelons que la profondeur minimale nécessaire aux poissons pour hiverner sous la glace dans la zone 4 est de 60 cm. Certaines municipalités exigent que l'on clôture tout plan d'eau d'une profondeur de plus de 40 cm. Une fosse d'hivernage intégrée au plan d'eau et couverte d'un grillage en acier galvanisé enrobé de vinyle peut être jugée acceptable dans ce cas, mais doit cependant faire l'objet d'une approbation préalable de la municipalité.

Dans tous les cas, vous devez disposer d'outils appropriés à la dimension du projet. Une pelle, un pic, une brouette, un niveau, une longue planche et une corde suffisent, la plupart du temps. Recourez, au besoin, à des firmes de location d'outillage pour la mini-pelle mécanique, le convoyeur, etc. Les modèles standards peuvent accéder à des cours intérieures par des passages aussi étroits que 45 cm et vous seront d'une grande utilité si le sol est très compact ou encombré de pierres lourdes.

Votre principal souci, à cette étape est la mise de niveau du contour de l'excavation. Cette opération est nécessaire afin d'éviter des pertes d'eau ou de s'apercevoir qu'une partie est surélevée par rapport au reste du plan d'eau. À la limite, on peut prévoir une étroite section abaissée pour permettre le déversement d'un trop-plein d'eau de pluie. Dans ce but, utilisez la méthode décrite au chapitre 3 de la partie I.

Autre point à envisager : la possibilité de découvrir, une fois l'excavation terminée, une source souterraine ou un apport d'eau en provenance d'une nappe superficielle. Le drainage du sol par pose de concassé et de sable risque d'être insuffisant si le volume d'eau est important. Il faut alors entraîner l'élimination de l'eau, sinon son accumulation sous la géomembrane de CPV fera gondoler cette dernière. Si la structure est en béton, l'eau accumulée peut déstabiliser la base sur laquelle cette structure s'appuie. Quel que soit le type de fond choisi (pente, paliers), excavez toujours de six à huit centimètres de plus que la profondeur requise pour le drainage ou pour tapisser le fond avec un matériau de protection. Lorsque l'excavation sera terminée, enlevez les cailloux, les racines et les autres débris qui pourraient endommager la géomembrane.

En vous basant sur les dimensions envisagées pour l'excavation, vous pouvez facilement évaluer la quantité de matériaux nécessaires à la structure de rétention d'eau. Les formules qui suivent vous seront d'une grande utilité.

LES GÉOMEMBRANES ET GÉOTEXTILES :

longueur : (profondeur x 2) + (longueur du plan d'eau) + (30 cm x 2);

largeur : (profondeur x 2) + (largeur du plan d'eau) + (30 cm x 2).

L'excédent de 30 cm servira à la finition du contour de la géomembrane. Par exemple, pour un étang artificiel de 3 m de longueur par 2,5 m de largeur et 60 cm de profondeur, il faut prévoir :

longueur : (60 cm x 2) + 3 m + (30 cm x 2) : 4,8 m;

largeur : (60 cm x 2) + 2,5 m + (30 cm x 2) : 4,3 m; soit 20,64 m de géomembrane.

La superficie calculée au moyen des formules précédentes doit être multipliée par l'épaisseur de la couche de béton (un minimum de 15 cm) pour obtenir le volume requis. Ainsi, à partir de l'exemple précédent, il vous faudra 3,1 m^3 de béton. Celui-ci doit contenir une part de ciment, deux parts de sable et trois parts de concassé de 1,5 po ou 0,75 po.

L'excavation en paliers

Les paliers constituent une bonne base pour les paniers et pots de plantes, compte tenu de la profondeur de plantation exigée par chaque variété. Nous vous suggérons de construire au moins deux paliers qui, avec le fond du plan d'eau, satisferont aux besoins des diverses catégories de plantes aquatiques. Par exemple, pour un jardin aquatique de 60 cm de profondeur, on peut aménager un premier palier à 15 cm de profondeur, un second à 25 cm et le fond à 60 cm. Le premier palier est réservé aux plantes émergées qui se développent entre 5 cm et 15 cm d'eau. Il servira également de point d'appui aux pierres éventuellement installées en bordure ainsi qu'à la finition du contour à l'aide de galets. Le second palier recevra les plantes émergées ainsi que certaines plantes à feuillage flottant exigeant peu d'eau. On posera au fond du jardin les plantes immergées et d'autres plantes à feuillage flottant.

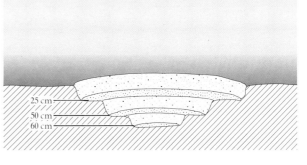

Figure 11
Excavation en paliers

Habituellement, on crée une pente d'une inclinaison de 20° entre chaque palier pour réduire l'allure « artificielle » du plan d'eau. Ces paliers peuvent être de hauteur égale sur le pourtour du bassin ou ajustés en fonction des composantes que l'on désire ajouter.

L'excavation en pente

Dans le cas d'un étang où les végétaux aquatiques sont plantés en pleine terre plutôt qu'en paniers, il est préférable de creuser une pente régulière sans palier. La couche de terre déposée à même le fond permet alors de réaliser des paliers « naturels » pour les pierres ou les plantes. Cette méthode a de réels avantages, notamment sur le plan de l'alimentation et de l'hiver-nage des plantes. Elle donne en outre une apparence moins artificielle à l'étang. En revanche, le développement de certaines plantes est moins facile à contrôler : les rhizomes de certaines variétés ont tendance à s'entremêler. De surcroît, certaines espèces de poissons adorent brasser le fond pour y trouver de la nourriture et, ce faisant, brouillent l'eau. Dans un étang de grande dimension, ces inconvénients sont cependant mineurs, car d'une part, les plantes ont plus d'espace pour se développer et, d'autre part, on voit moins d'eau trouble.

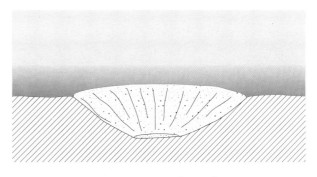

Figure 12
Excavation en pente

L'excavation combinée

Pour réaliser un étang artificiel qui se rapproche le plus de ce que l'on trouve dans la nature, on peut aménager des sections en paliers et d'autres en pente faible, mais assez longue que l'on garnira de galets ou de sable. Si l'on veut éviter que ces matériaux ne glissent vers le fond, ou si l'on veut préparer une section de type « pleine terre », on

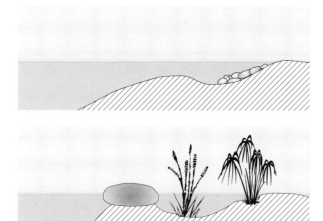

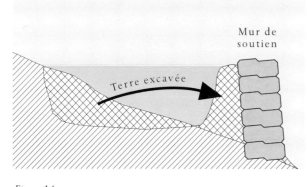

Figure 13

Haut : cavité stabilisée par des galets et creusée dans une section de la pente
Bas : cavité stabilisée par des plantes de marais et creusée dans une section de terre

Figure 14

Construction d'un bassin à même la terre excavée en sol incliné

installera des plantes de marais ou de tourbière dans une faible cavité creusée à même la pente, comme le montre la figure 13.

L'excavation effectuée dans un sol en pente

Lorsque certaines cours sont en pente, l'espace disponible pour la construction d'un jardin aquatique s'en trouve réduit. La figure 14 vous montre comment résoudre ce problème. Il faut s'assurer, une fois l'excavation achevée, que le rebord ainsi créé soit bien compacté. Cela évite que le tassement naturel du sol au cours des années abaisse le niveau du rebord et entraîne des pertes d'eau. On retiendra la terre excavée au moyen d'un mur de soutien fait de madriers, de blocs de béton ou de pierres.

L'excavation et les structures prémoulées

Les structures de rétention d'eau prémoulées nécessitent également une excavation à moins qu'on ne les installe en surélevé sur un caisson de support. Le fond de l'excavation doit être mis de niveau avant celui du contour. Cette excavation suit le contour de la structure auquel on aura ajouté 40 cm, sur une profondeur égale à la hauteur du moule augmentée de 6 cm à 8 cm pour le drainage. Il n'est donc pas nécessaire d'excaver par paliers pour tenir compte de ceux que le moule pourrait comporter. En procédant de cette manière, on évite de perdre du temps en ajustant la pente et la hauteur des paliers à excaver pour que le moule s'adapte bien. En effet, il est beaucoup plus simple de stabiliser la paroi après coup à l'aide de sable ou de terre lorsqu'on y a accès par une excavation plus grande. La figure 15 en fait foi.

L'excavation pour d'autres types de jardins aquatiques

Sans véritablement constituer des jardins aquatiques, un amas de pierres au travers desquelles fuse un léger jet d'eau représente une alternative intéressante, sans danger et peu coûteuse. Il en va de même pour le Tsukubai et le Chosubaki, deux composantes de jardins japonais à canalisations de bambou. Comme leur structure de rétention d'eau ne requiert qu'un petit récipient pour l'eau et la pompe, l'excavation s'effectue de la même manière que pour les structures prémoulées.

Figure 15
Stabilisation de la paroi d'une structure prémoulée au moyen de sable

L'excavation et la structure de béton

Si vous envisagez de construire une structure de rétention d'eau en béton avec coffrages de support, l'excavation devra être suffisamment large pour vous permettre de travailler à l'aise à la construction des coffrages. Une excavation plus large de 60 cm que la paroi extérieure de la structure constitue un minimum raisonnable. Par ailleurs, si vous optez pour une structure de béton en pente légère, il est inutile d'installer un coffrage si le ciment n'est pas trop liquide. Procédez selon la méthode décrite pour l'excavation en pente en conservant un angle de 20° maximum.

L'excavation d'un déversoir de trop-plein d'eau

Sans être indispensable, un déversoir de trop-plein d'eau empêchera le rebord du jardin aquatique de devenir spongieux après une pluie abondante. Il suffit de creuser une fosse d'environ 40 cm de profondeur et d'un diamètre équivalent, puis de la relier au plan d'eau par une tranchée d'environ 10 cm à 12 cm de largeur et de 5 cm à 8 cm de profondeur. Le fond de la tranchée doit être recouvert du même matériau que celui du plan d'eau, soit du CPV ou du béton. On tapissera la paroi, mais non le fond de la fosse, à l'aide de géotextile pour empêcher qu'elle ne s'effondre ou que la terre ne glisse au fond. Il ne reste qu'à remplir la fosse de pierres ou de concassé et de recouvrir le tout d'une dalle plate ou de quelques pierres de formes irrégulières.

L'excavation de ruisseaux et de cascades

Les détritus et la terre excavée peuvent servir à créer une dénivellation, élever un muret ou un monticule pour installer une cascade ou une petite chute. Il est important de bien compacter le monticule sur lequel passera le ruisseau, sinon, à la longue, les bords s'affaisseront et laisseront déborder l'eau. Louez une compacteuse si nécessaire. Les schémas suivants illustrent la disposition de la cascade et la façon dont le sol doit être excavé.

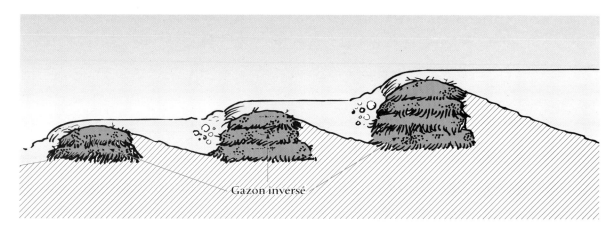

Gazon inversé

Figure 16

Vue transversale d'un ruisseau en cascade

Dans la figure 16, on notera le découpage de la cascade en dents de scie. Cette disposition reproduit ce que l'on observe fréquemment dans la nature, c'est-à-dire la formation d'un creux au pied d'une cascade, et elle remplit également une fonction. Si, pour une raison ou pour une autre, il faut arrêter la pompe qui alimente la cascade, toute l'eau du ruisseau s'écoulerait dans le plan d'eau principal et pourrait déborder du bassin ou de l'étang. Les creux ainsi créés retiennent cette eau et vous évitent de rajouter de la nouvelle eau qui risquerait de rompre l'équilibre biologique.

L'élévation verticale de la dent de scie peut être réalisée par des mottes de gazon que l'on empile racines en l'air (voir la figure 16). On obtient ainsi une tombée verticale plus solide grâce aux racines du gazon qui retiennent la terre. On égalise finalement la pente de la dent de scie à l'aide de terre ou de sable. La pose de pierres, comme on le verra plus loin, permet de produire divers effets avec la chute d'eau.

LE DRAINAGE ET LA COUCHE DE PROTECTION

Un système de drainage est souhaitable en raison de la dilatation et de la contraction du sol provoquées par la succession de gel et de dégel. Selon le pourcentage d'eau dans le sol, le compactage plus ou moins grand de sa structure et l'importance des variations du climat, cet effet se manifeste sur une profondeur variable. La présence de sources d'eau près de la surface du sol ou une nappe phréatique élevée rendent également nécessaire un drainage préalable à l'installation de la structure de rétention d'eau. Si aucune montée d'eau ne s'est manifestée dans les quelques heures qui suivent l'excavation et que vous avez opté pour une structure de rétention d'eau souple (CPV, butyle), le drainage n'est pas indispensable. En effet, ces matériaux s'adaptent à la dilatation et à la contraction sans difficulté. Une couche de protection suffira et contribuera à en

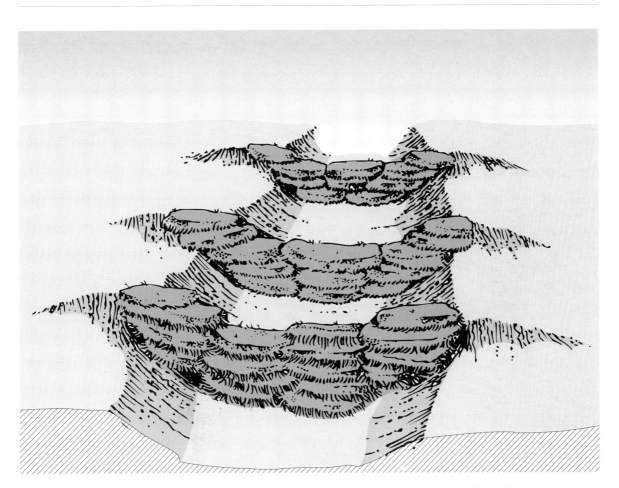

Figure 17
Base d'un ruisseau en cascade

prolonger la vie. En revanche, toute structure rigide de type béton ou fibre de verre, ou toute structure prémoulée, requièrent un drainage préalable.

Le drainage

Pour une structure de béton, le drainage minimal consiste en une couche de 6 cm à 8 cm de concassé de grosseur moyenne. La plupart des jardins aquatiques privés sont dotés d'une pompe submersible pour entretenir la filtration et l'évacuation de l'eau. Il n'est donc pas nécessaire d'en installer une seconde pour le drain de vidange auquel on doit avoir recours pour éliminer l'eau excédentaire. Toutefois, nous vous fournissons un devis qui vous permettra, en l'adaptant à vos besoins, de pourvoir à cette éventualité. On veillera à donner une pente de 2% à 5% au drain de vidange afin de canaliser l'eau à rejeter. La prise d'eau doit être localisée à l'opposé de la chute pour permettre une meilleure circulation de l'eau.

Nous mentionnions plus haut la possibilité de l'existence d'une source superficielle ou d'une nappe phréatique élevée. Selon la

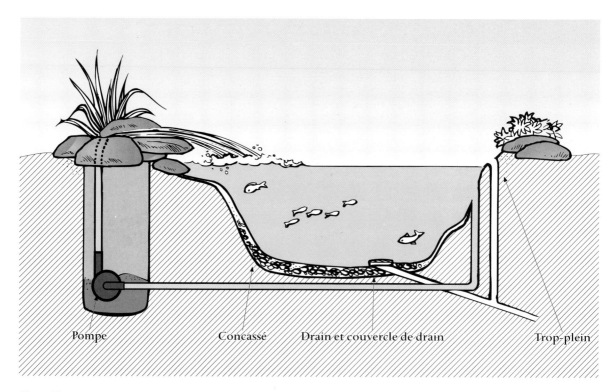

Pompe   Concassé   Drain et couvercle de drain   Trop-plein

Figure 18

Drain de vidange, trop-plein et accès d'eau à la pompe

structure utilisée, l'accumulation d'eau sous celle-ci peut soit gonfler la membrane de CPV, soit déstabiliser la structure de béton. En de tels cas, le drainage uniquement opéré par concassé se révèle insuffisant. Il sera nécessaire d'installer un drain collecteur et une pompe à déclenchement automatique pour éliminer l'eau, de préférence vers une fosse de déversement. Cette fosse devra être loin du jardin aquatique et cela peut requérir plusieurs sondages pour connaître l'étendue de la source. Si le volume d'eau semble important et son débit continu, ne faites surtout pas déverser cette eau dans le jardin aquatique. Les sels minéraux rompront l'équilibre biologique et favoriseront le développement d'algues. Le schéma qui suit vous propose une façon de régler le problème.

La couche de protection

Pour les jardins aquatiques dont la structure de rétention d'eau est faite de matériaux autres que le béton, une couche de protection de 5 cm à 7 cm de sable devra être placée sur le fond et les parois de l'excavation ou, le cas échéant, par-dessus le concassé utilisé pour le drainage. Humectez le sable pour qu'il adhère bien aux parois et nivelez-le. Cette première couche de protection est recouverte d'un géotextile destiné à empêcher le développement des racines des plantes, des arbustes ou des arbres.

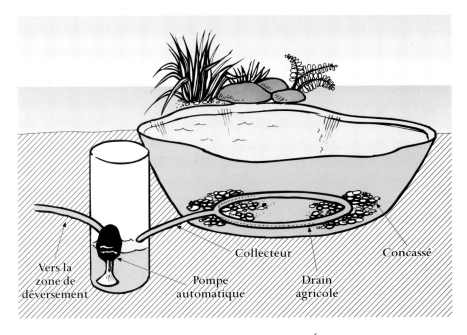

Vers la zone de déversement

Pompe automatique

Collecteur

Drain agricole

Concassé

Figure 19
Récupération de l'eau d'une source ou d'une nappe phréatique

L'INSTALLATION DE LA STRUCTURE DE RÉTENTION D'EAU

La structure en CPV

La pose d'une géomembrane de CPV, de polyvinyle ou de butyle est simple à réaliser. Profitez d'une journée ensoleillée pour le faire. Plus la membrane est épaisse, plus il faut laisser la chaleur ambiante la ramollir. Étendez-la ensuite au-dessus de l'excavation et laissez-la glisser vers le fond. Otez vos chaussures et descendez dans le fond pour éliminer le plus de faux plis possible ou pour les répartir aux endroits les moins visibles. Ajoutez l'eau progressivement pour permettre à la membrane de bien adhérer aux parois et poursuivez le travail d'élimination des plis. Surveillez l'opération de remplissage, car plus le volume s'accroît, moins vous serez capable de faire glisser la membrane. De toute manière, il est impossible d'éliminer la totalité des plis. Ceux qui restent ne nuiront pas à l'étanchéité du CPV. Les dépôts de sédiments et les végétaux que vous ajouterez viendront peu à peu les camoufler.

Une alternative consiste à poser la membrane au-dessus de l'excavation et à la stabiliser à l'horizontale à l'aide de grosses pierres placées sur le pourtour. Le poids de l'eau fera progressivement descendre la membrane vers le fond. Cette méthode, bonne en soi, ne vous permet pas, cependant, d'effacer ou de mieux répartir les plis. Au surplus, les membranes synthétiques ont une certaine limite quant à leur élasticité. Comme vous devrez de toute façon demeurer près de l'excavation au moment du remplissage, sachez en profiter utilement. La figure 20 vous illustre cette technique de pose.

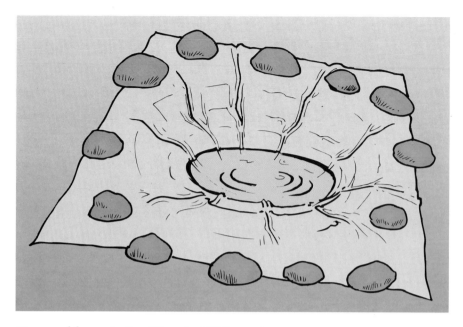

Figure 20

Pose d'une membrane de CPV et stabilisation par effet de gravité de l'eau

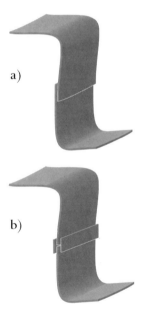

a)

b)

Figure 21

a) Jonction par superposition de feuilles de géomembrane
b) Jonction des feuilles de géomembrane à l'aide de deux sections du même matériau

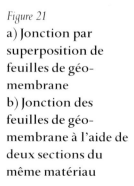

L'assemblage de feuilles de CPV

Si le projet comporte la construction d'un ruisseau ou d'une chute, il peut être nécessaire d'assembler deux sections de géomembrane. Utilisez une colle spécialement conçue pour le CPV et que l'on trouve chez les fournisseurs de matériaux pour jardins aquatiques. Deux techniques d'assemblage sont illustrées à la figure 21.

La pose d'une dernière couche de protection sous forme d'un géotextile se généralise de plus en plus. Si la géomembrane sous-jacente est mince et si la structure n'est pas en butyle, nous vous conseillons de recourir à cette solution pour protéger le recouvrement des rayons ultraviolets. Si l'installation comporte des pierres, n'hésitez pas à placer un géotextile entre celles-ci et la membrane. Enfin, le géotextile est fortement recommandé dans le cas de jardins aquatiques où les plantes sont mises en pleine terre. Son installation s'effectue de la même manière que celle de la membrane. Comme le géotextile met un certain temps à absorber l'eau, il faut le poser avant que l'eau ait complètement rempli l'excavation. Éliminez d'abord soigneusement les plis de la géo-membrane, ajoutez un peu d'eau dans le fond pour la stabiliser, placez le géotextile, puis continuez à ajouter de l'eau en surveillant le tout pour enrayer la formation de nouveaux plis dans la géo-membrane. Pour l'instant, bornez-vous à tailler l'excédent de géotextile au niveau de l'eau pour éviter de créer un effet de mèche qui viderait rapidement le jardin aquatique de son eau. Nous verrons plus loin les différentes façons d'organiser le contour du jardin aquatique. Taillez également

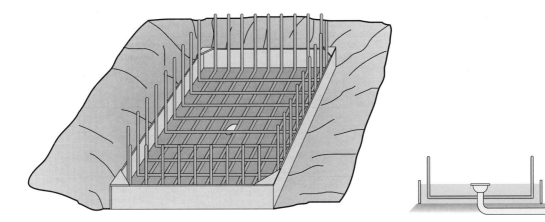

l'excédent de CPV en conservant toutefois, en largeur, 30 cm de plus que le contour exact de l'orifice, y compris la bordure de pierres. Ce surplus servira à fixer la membrane dans le sol, comme nous le verrons plus loin.

La structure en béton

Il faut construire des coffrages disposés en paliers pour la structure en béton d'un bassin classique ou d'un étang artificiel. Ces coffrages serviront à couler un revêtement en béton de 15 cm d'épaisseur. La base devra être coulée en une fois et comporter une armature de tiges de fer entrecroisées de manière à former des carrés de 30 cm. Pour augmenter la solidité des parois, la pose d'un grillage est recommandée. Les figures 22 à 25 illustrent les étapes de construction d'une structure en paliers à parois verticales. Ce bassin comprend une bordure faite à même l'une des parois, ce qui permet de créer une section de plantation de type pleine terre.

La première étape est la construction du coffrage pour la dalle de base (figure 22). Cette dalle est renforcée par un grillage de tiges de fer fixé de manière à être placé à mi-hauteur de la base. Sur le pourtour de celle-ci, on fixe également des tiges de fer à la verticale. Elles doivent être suffisamment hautes pour créer un lien solide entre les parois et la dalle de palier qui seront coulées par la suite. Les côtés du coffrage sont maintenus solidement au sol par des piquets et les coins sont stabilisés par des lattes. C'est également lors de cette étape que l'on installe le système de vidange d'eau décrit plus haut. Le coulage du béton de la dalle doit se faire d'un coup. Ensuite on recouvre la dalle d'une feuille de polyéthylène pour la protéger des intempéries et pour ralentir le temps de séchage afin d'obtenir un béton plus résistant.

Figure 22
Coffrage pour une base de béton armé d'un grillage de tiges de fer horizontales (fond) et verticales (paroi)

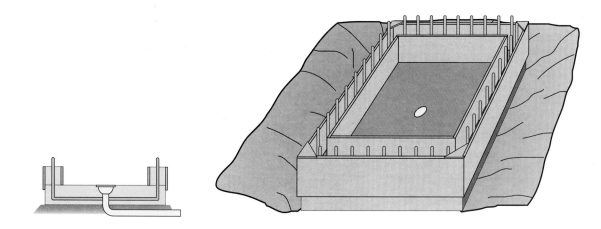

Figure 23
Coffrage destiné au coulage du béton de la première paroi verticale

Dès le lendemain, on entreprend la construction du coffrage des parois (figure 23). Si cela ne peut se faire ce jour-là, on recommande de brosser ou de tracer des rainures dans le béton avant qu'il ne soit sec pour assurer une meilleure prise à la coulée suivante. Le coffrage

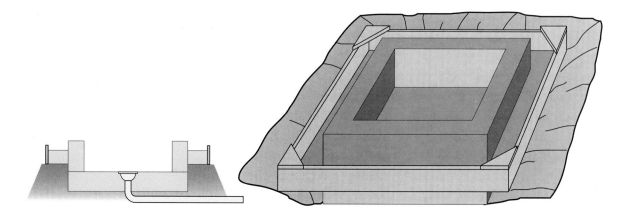

Figure 24
Coffrage destiné au coulage du béton de la dalle de palier

comporte deux sections, l'une, extérieure, fixée au sol de la même manière que pour la dalle de base, l'autre, intérieure, rattachée à la précédente aux angles et sur le dessus. On peut également renforcer cette dernière par des traverses pour l'empêcher de bomber sous le poids du béton encore frais. Des tiges de fer placées verticalement renforceront les parois. D'autres, fixées horizontalement aux tiges verticales, à hauteur de la dalle de palier, consolideront à la fois la dalle et les parois. Le coulage du béton de la dalle de palier s'effectue de la même manière que celui de la dalle de base et on le couvrira également d'une feuille de polythène (figure 24).

La construction du coffrage des dernières parois et le coulage du béton peuvent être entrepris le lendemain en suivant le même processus que pour les premières parois (figure 25). Si l'on désire

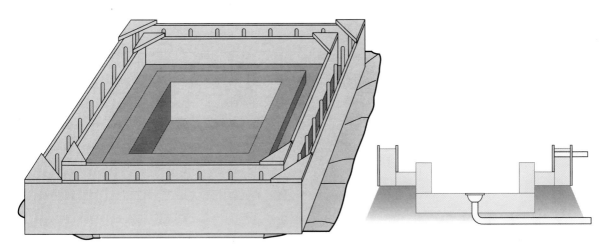

poser une conduite d'évacuation de trop-plein, on l'installera sur l'une des parois. Le produit final est illustré à la figure 26. Pour ce type de bassin, les parois peuvent être édifiées avec des blocs de béton; le coût en sera réduit et la solidité sera relativement comparable.

Figure 25
Coffrage destiné au coulage du béton de la seconde paroi verticale

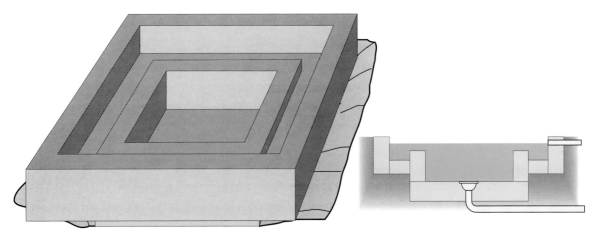

Nous avons mentionné dans le chapitre précédent l'utilisation fréquente, dans les jardins maures, de bassins de réflexion peu profonds. Si l'on veut construire ce genre de jardin aquatique en béton, il faudra ancrer solidement la dalle sur le dessus des fondations en tenant compte des gels et dégels successifs qui caractérisent notre climat. Cette technique qui utilise des coffrages semblables aux précédents, est illustrée à la figure 27.

Tous ces procédés de base vous permettront, en les adaptant, de réaliser la plupart des projets excavés ou en surélevé utilisant une structure de rétention d'eau en béton. Dans tous les cas, il faut nettoyer soigneusement la paroi avant d'introduire des plantes ou des poissons dans une structure en béton. La chaux contenue dans du béton nouvellement préparé augmente le pH de l'eau à un

Figure 26
Vue du bassin de béton

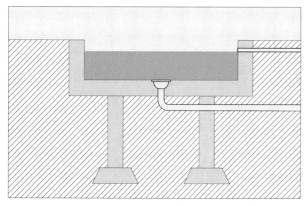

Figure 27

Bassin de réflexion reposant sur des fondations à l'abri des méfaits du gel

niveau très toxique et il doit être abaissé par l'une ou l'autre des méthodes suivantes. La première consiste à remplir le bassin d'eau et à laisser décanter la chaux des parois pendant une semaine. On vide ensuite le bassin et on recommence l'opération trois fois. L'autre méthode, plus rapide et tout aussi efficace, permet d'éliminer la chaux en provoquant une réaction chimique à l'aide de vinaigre. Il s'agit de brosser les parois du bassin avec une solution faite d'une partie de vinaigre pour dix parties d'eau. On rince ensuite à grande eau. Enfin, on recommande expressément d'enduire d'un scellant liquide toute surface de béton ou constituée de blocs de béton.

Les structures particulières

N'importe quel récipient peut être converti en jardin aquatique. Les demi-barils de bois qu'on trouve dans les centres horticoles s'harmonisent bien aux aménagements paysagers de demeures de style colonial ou ranch. Lorsque le bois de ce récipient est constamment mouillé, il devient parfaitement étanche. Néanmoins, pour parer à toute fuite en l'absence d'un système d'alimentation automatique, recouvrez d'une géomembrane la paroi intérieure. Placez-y des variétés naines de nymphéas, une laitue d'eau, bordez l'un des côtés avec des acores et des iris, et voilà un jardin aquatique prêt en quelques heures.

Un jardin aquatique ne nécessite pas un très grand volume d'eau. Un simple bouillonnement d'eau au travers des pierres, adroitement situé dans un aménagement paysager, est plus attirant à voir qu'un bassin mal conçu. Son installation est très simple à réaliser. Elle ne requiert qu'un panier de plantation utilisé pour les lotus, un grillage, une pompe avec un jet moussant et des pierres de rivière. L'eau passera à travers un trou que l'on aura percé dans une des pierres, de préférence la plus grande. La figure 28 en est un exemple.

On se sert de plus en plus de pavés et de blocs pour les façades de maisons, les chemins de communication, les patios, etc. Ces matériaux relativement faciles à poser peuvent également servir à fabriquer un jardin aquatique. Il suffit de poser une géomembrane sur la paroi intérieure de la structure envisagée et d'en camoufler la vue comme le suggère l'illustration de la figure 29.

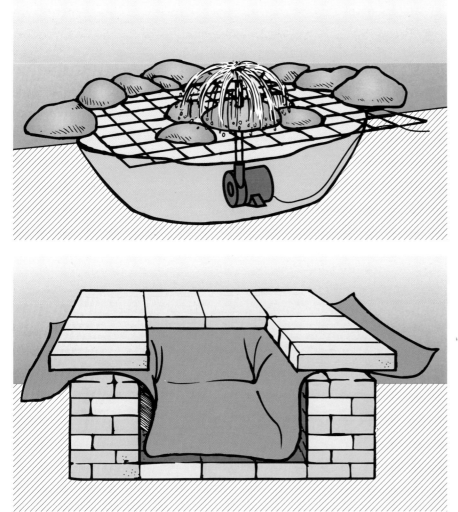

Figure 28
Jet d'eau à travers une pierre posée sur un grillage

Figure 29
Utilisation d'une géo-membrane comme structure de rétention d'eau dans un assemblage de blocs

Sur la figure 30, on constate que la géomembrane monte jusqu'à l'avant-dernière rangée de blocs. Elle est dissimulée sous la dernière rangée ou, si l'on préfère, par des blocs de finition. Pour un maximum de protection, on peut placer un géotextile sous la membrane.

Une structure en bois traité se construit de la même manière. La fixation de la membrane peut être faite de façon à faciliter son remplacement en appliquant la technique illustrée à la figure 30.

L'angle du madrier est entaillé sur toute sa longueur et enduit d'un scellant pour le bois. Faites cette entaille à une hauteur qui dépasse de 5 cm à 8 cm celle du niveau de l'eau. Clouez-y la membrane. Recouvrez le tout d'une latte de bois traité fixée par des vis.

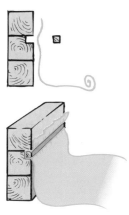

Figure 30
Fixation de la membrane à même une entaille faite à l'angle d'un madrier

La structure en fibre de verre

La construction d'une structure de rétention d'eau en fibre de verre s'effectue en trois étapes : la mise en place d'une base, la pose de trois couches de fibre de verre et la finition. Une toile plus épaisse sera sans doute plus solide, mais plus difficile à manipuler au moment de la finition. L'opération la plus délicate est l'application d'une solution de résine et de catalyseur. Il faut agir rapidement (en moins de 30 minutes) sinon la solution durcit et devient inutilisable. Il faut donc traiter de petites surfaces à la fois, pour lesquelles tous les matériaux requis (base, résine, catalyseur et fibre de verre) ont été préparés d'avance. Comme trois couches sont nécessaires, ce travail peut durer assez longtemps si la structure est passablement grande. La mise en place d'une base vise essentiellement à retenir la solution de résine et de catalyseur. Un simple coupe-vapeur de papier, ou un séparateur utilisé en jardinage suffit. Les sections courbes de la structure se travaillent plus facilement à l'aide de morceaux de coupe-vapeur (ou de séparateur) et de toile de fibre de verre découpés en forme de triangles que l'on superpose quelque peu. Commencez par le rebord d'une partie de l'excavation et descendez vers le fond en vous réservant une voie de sortie que vous recouvrirez en remontant progressivement. Réunissez les différentes parties de la base au moyen d'un ruban adhésif. Couvrez la base d'une première couche de solution de résine catalysée préparée d'après les indications du fabricant. Un simple rouleau à peinture peut être utilisé à cette fin.

Placez délicatement une première section de toile en fibre de verre et enduisez-la de résine catalysée jusqu'à saturation. Éliminez les bulles d'air après quelques minutes en vous servant d'un rouleau spécial. Répétez l'opération pour chaque section de la première couche. Il n'est pas nécessaire de poser les trois couches en une seule opération, mais plutôt de planifier le travail de manière à bien répartir la résine catalysée.

Lorsque les trois couches sont posées et séchées, taillez la toile de fibre de verre excédentaire sur le pourtour de la structure au moyen d'un disque à découper que l'on peut louer chez certains quincailliers. Polissez ensuite la surface pour éliminer tout filament de fibre durcie par la résine catalysée. Mettez un masque pour éviter d'inhaler les particules de fibre de verre. Vous pouvez terminer l'opération en recouvrant la structure d'une couche de peinture à base d'uréthanne ou d'un géotextile noir.

L'ALIMENTATION AUTOMATIQUE EN EAU

Bien que l'on puisse soi-même compenser pour l'évaporation de l'eau du jardin aquatique en utilisant un boyau d'arrosage, l'installation de conduites d'eau et de valves vous en évitera la corvée. Plusieurs modèles de valves sont offerts sur le marché. Elles

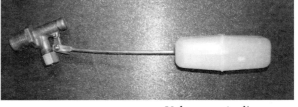

Valve munie d'un flotteur.

fonctionnent toutes suivant le même principe : baissant en même temps que le niveau d'eau, un flotteur articulé ouvre une valve qui laisse pénétrer de l'eau nouvelle. Dès que le niveau préétabli est atteint, la valve se referme.

Ce système a un double avantage. On sait déjà que l'addition d'une grande quantité d'eau nouvelle, avec son cortège de sels minéraux, de chlore et de chloramines, rompt l'équilibre biologique du milieu aquatique. Les sels minéraux entraînent le développement d'algues, le chlore et les chloramines sont toxiques pour les poissons. Or, le système d'alimentation par valve ne laisse passer qu'une petite quantité d'eau plus facilement assimilable par le milieu aquatique. En outre, vous pouvez vous absenter de chez vous pendant une période prolongée sans avoir à vous inquiéter de l'évaporation de l'eau ou sans devoir demander à un voisin d'en ajouter.

Ce système ne requiert qu'un tuyau de CPV installé à une profondeur de 15 cm à 30 cm et placé en pente douce pour faciliter l'évacuation de l'eau en automne. L'une des extrémités est reliée à la prise d'eau extérieure par un des connecteurs qui se vendent pour la réparation des boyaux d'arrosage. La valve se fixe à l'autre extrémité de la canalisation à l'aide d'un collet à vis. Si nécessaire, on ajoute un robinet muni d'une valve pour faire évacuer l'eau par simple gravité en automne.

LA FINITION DES POURTOURS

Les figures 29 et 30 illustrent la manière la plus esthétique et la plus efficace de fixer la géomembrane dans des bassins disposés en surélevé. Lorsqu'il s'agit de jardins aquatiques creusés, la finition des contours est simple à réaliser par suite de la diversité des matériaux que l'on peut utiliser : plantes, pierres, statues ou autres ornements. Dans le cas d'un étang artificiel, il est préférable de reconstituer le pourtour à partir de modèles relevés en pleine nature. En général, les lacs naturels sont bordés de pierres ou de végétation dense, de sable ou de galets. On a donc un choix très varié de finitions. Dans tous les cas où l'on se sert d'une géomembrane, il faut bien compacter le

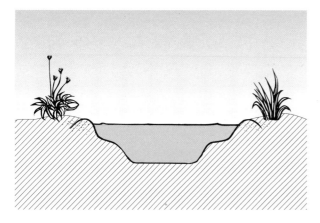

Figure 31
**Insertion de la
membrane dans le sol**

pourtour pour empêcher tout glissement du sol. Cela devient d'autant plus nécessaire si l'on construit un ruisseau sur un talus fait de terre excavée. La membrane doit être fixée dans le sol de façon à la dissimuler entièrement. La technique est la même pour n'importe quel matériau de finition. On fait pénétrer la membrane dans une étroite fente creusée dans le sol à l'aide du tranchant d'une bêche. Plus on rapproche cette tranchée du bord de la structure, plus il sera possible de camoufler la membrane par de la végétation. La fente sera profonde d'environ 15 cm pour permettre de fixer solidement la membrane dans le sol au moyen des 30 cm à 60 cm excédentaires mentionnés plus haut. La figure 31 illustre la technique à utiliser.

Le pourtour fait de dalles

On peut également border un bassin régulier ou une section d'étang artificiel avec des dalles de pierre ou de béton. Cette finition procure un sentiment de sécurité lorsque les dalles sont de taille moyenne à large. Accentuez cette impression en stabilisant le dessous des dalles par une couche de 5 cm à 8 cm de sable. Faites déborder légèrement les dalles au-dessus de l'eau. Ce faisant, non seulement vous masquez la membrane, mais, en outre, vous protégez sa section la plus vulnérable contre les effets nocifs des rayons ultraviolets du soleil.

Le pourtour fait de pierres

L'installation de pierres en bordure d'étang s'effectue autrement que celle des dalles. En effet, les pierres ont normalement été déplacées par le mouvement des champs de glace. Tout en les érodant, les glaces les ont ancrées solidement dans le sol. Si l'on veut donner un aspect naturel au jardin aquatique, il ne suffit pas de les déposer au bord de l'eau. La présence de paliers résout partiellement le problème en constituant une bonne assise pour les pierres. Si la structure est faite d'une géomembrane de CPV ou de butyle, vous aurez sans doute pris soin de la protéger au moyen d'un géotextile. Sinon, pour plus de stabilité, disposez les pierres sur des sacs de plastique épais dont on se sert pour la terre de jardin ou la tourbe et que vous aurez remplis de terre excavée. Comme l'arrière des pierres doit donner une impression de continuité avec le reste de l'aménagement du

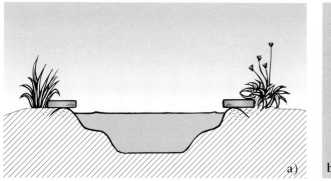 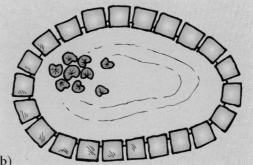

jardin aquatique, comblez les espaces vides à l'aide de galets de rivière, puis de sable et enfin de terre de jardin que vous aplanirez en pente douce. Vous pouvez alors y semer du gazon, y placer de la

Figure 32
**a) Vue frontale
b) Vue en plongée
d'un pourtour de
dalles de pierre**

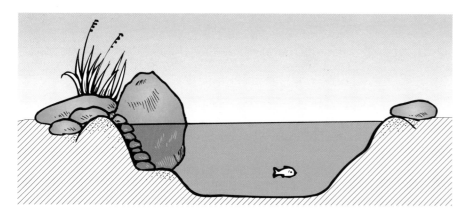

Figure 33
**Installation et
consolidation
d'une pierre au
bord d'un étang**

mousse ou planter un couvre-sol comme l'*Arénaria verna*, ou encore des plantes de bordure telles des hosta, lobélies, etc. La figure 33 vous donne un aperçu de ce qu'il faut faire.

Le pourtour fait de rondins de bois

Une forme de finition que l'on trouve souvent dans des jardins aquatiques de type oriental consiste en rondins, de préférence en cèdre en raison de la résistance à l'eau de ce bois. Les rondins sont plantés sur les bords pour combattre l'érosion du sol. Placée sur le bord d'un étang, une section en rondins permet de rompre la monotonie d'un plan horizontal. Il est possible d'ajouter une section en rondins à même une structure en CPV sans devoir les planter dans le sol. À l'arrière, vous pouvez créer une section de type marais où les plantes pousseront en pleine terre. Encore ici, les paliers dotés d'un rebord serviront de base aux rondins. Commencez par écorcer les rondins pour ralentir le processus de détérioration. Sciez-les ensuite en sections de diverses longueurs en prenant comme base la

Section en rondins ajoutée après la construction du jardin aquatique.

hauteur du palier sur lequel ils reposeront et à laquelle vous ajouterez de 5 cm à 8 cm. Si le rebord du plan d'eau suit une pente de 20°, par exemple, sciez également des rondins au même angle. À l'aide de deux vis de cuivre, fixez chaque section au centre d'une planche de la même largeur que le diamètre du rondin. La longueur de cette planche devra être telle que chaque extrémité dépasse de 10 cm à 15 cm au moins la base du rondin. Placez ensuite le rondin sur le palier. Répétez l'opération pour chaque section de rondin. Lorsque tous les rondins sont installés, placez le long de ceux-ci une bande de membrane de CPV qui fera obstacle au passage de la terre. Pour éviter que les rondins ne flottent, stabilisez chacun d'eux au moyen de pierres posées sur les parties de la planche qui le dépassent de part et d'autre. Remplissez de terre noire la zone de plantation ainsi créée. Il ne vous reste qu'à placer les plantes de marais et de bordure.

Cette technique a pour avantage de vous permettre de remplacer tout rondin qui serait détérioré. En travaillant ainsi par modules, vous pouvez prévoir une section de rondins en cèdre comme une seconde phase de votre projet. Il suffit de réserver son emplacement sur un palier comportant une bordure qui empêchera les rondins déplacés par le poids de la terre de s'affaler. La figure 34 illustre les étapes à suivre pour réaliser ce projet.

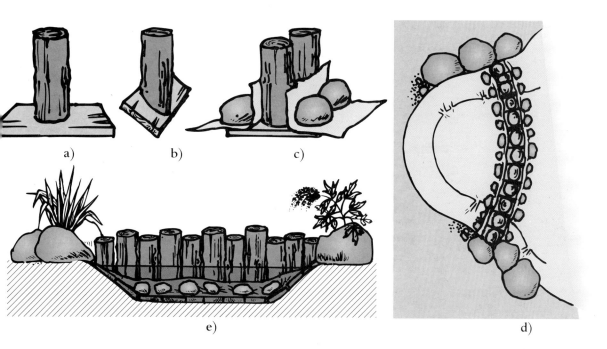

a)

b)

c)

e)

d)

LES PIERRES, CHUTES, CASCADES ET RUISSEAUX

Nous avons déjà souligné l'importance que les Chinois et les Japonais accordent à la sélection et à la disposition des pierres dans un jardin. Certains principes qu'ils ont préconisés au cours des siècles facilitent la tâche des jardinistes :

• la forme de la pierre détermine généralement son placement;

• l'asymétrie doit être la règle de base dans la disposition des pierres;

• les pierres doivent être en nombre impair.

La disposition des pierres dans une cascade ou une petite chute exige beaucoup de minutie si l'on veut qu'elle soit non seulement fonctionnelle, mais également esthétique. Il n'est donc pas étonnant que des concepteurs de jardins aquatiques élaborent leurs projets à partir de pierres choisies d'avance. En effet, la forme des pierres détermine souvent l'excavation et le placement de la géomembrane comme on le verra plus loin. Dans la mesure du possible, faites des essais et disposez les pierres avant même d'installer le géotextile ou le CPV. Si vous devez utiliser deux sections de CPV, l'une pour le plan d'eau principal et l'autre pour la chute, attendez d'être satisfait du montage de cette dernière avant de coller ensemble les sections. Les nombreux ajustements en fonction de la hauteur, de l'espacement ou de la mise de niveau se feront plus facilement à même le monticule que si vous ajoutez, après coup, des cailloux, des morceaux de bois ou d'autres matériaux sur la géomembrane elle-même.

Figure 34

a) Rondin fixé à plat sur une planche

b) Rondin fixé à angle

c) Installation de la géomembrane et des pierres sur les planches

d) Vue en plongée d'une section en rondins

e) Vue frontale

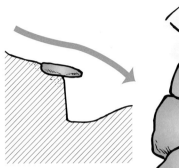

Figure 35

Pierres disposées de telle sorte que l'eau soit projetée au-delà de la ligne de montée de la chute

La chute crée, par ailleurs, un microclimat propice aux plantes de milieu humide. Le choix est vaste et vous permet donc de faire preuve d'originalité dans la conception de cette composante.

La chute d'eau en surplomb

C'est sans doute le modèle de chute préféré. La chute en surplomb requiert que l'on en ait préparé le rebord au moment de l'excavation en aménageant une cavité dans laquelle on placera par la suite une pierre plate. Cette cavité permet d'éviter que l'eau ne soit ralentie au passage et qu'au contraire elle glisse directement sur la pierre. Des pierres plus petites placées de part et d'autre de la cavité feront tourbillonner l'eau tout en la dirigeant vers la pierre plate. Cette dernière déborde amplement de la ligne de montée de la chute. Pour une hauteur identique et un même débit d'eau, ce modèle de chute

Pierre placée de façon à créer une chute d'eau en surplomb.

Figure 36
Pierre disposée de telle sorte que l'eau tombe en donnant un effet de rideau

entraînera plus que toute autre un apport maximum d'oxygène à l'étang par le fait que la masse d'eau tombe directement dans le bassin au lieu de glisser sur les pierres.

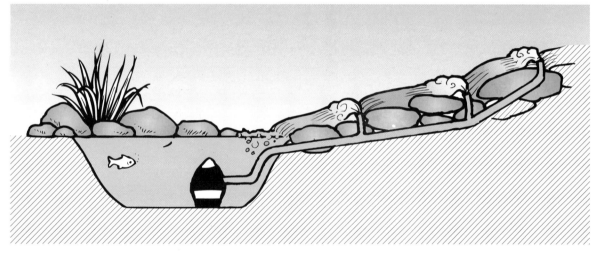

Figure 37
Sorties supplémentaires d'eau à débit réglé par une valve. Répartition du débit sur deux paliers

La chute d'eau en rideau

L'exemple le plus frappant de cette forme de chute est sans conteste celui des chutes Niagara. La préparation est la même que pour le modèle précédent, à la différence que la pierre couvre toute la largeur de la chute et dépasse à peine la ligne de montée. Les figures 35 et 36 illustrent respectivement les deux modèles de chute.

La coulée d'eau en filet

Dans plusieurs projets d'aménagement, en particulier dans le cas des cours intérieures urbaines, le contexte oblige à diminuer les proportions de la chute d'eau. Pour conserver le caractère réaliste de cette composante, on peut prévoir l'installation d'un mince filet

Figure 38
a) **Pierre de miroir**
b) **Pierre de division**
c) **Pierres de flanc**
d) **Pierres de base**

d'eau qui filtre de quelques pierres et simule une source. Ce filet suit une rainure tracée dans plusieurs pierres placées en escalier; elles marqueront l'usure du temps avec autant de réalisme qu'une cascade à grand débit. Ce filet peut se diviser sur un palier et se reconstituer sur un autre, aboutir en rideau dans une cuvette dont le rebord est en surplomb ou suinter tranquillement sur une pierre plate placée en angle. Bref, toutes les combinaisons sont possibles. L'emplacement des pierres devra être prévu au moment de la création du monticule. N'hésitez donc pas à faire des essais de positionnement de pierres et des ajustements au monticule lors de cette étape.

Si, malgré l'espace réduit, on désire avoir une chute de volume plus important, on peut créer sur chaque palier, une sortie d'eau dont les débits successifs évoquent une source en surface et qui s'addition-neront les uns aux autres. Selon l'élévation envisagée et dans l'intention de répartir la pression de l'eau fournie par la pompe, le débit d'eau de chaque palier devra sans doute être réglé par une valve.

Choisissez les pierres en fonction de l'effet requis. Servez-vous d'un ciseau à froid et d'un marteau pour tailler les rainures d'écoulement. Pour vous faciliter la tâche, disposez d'abord les pierres à votre guise, puis faites couler un léger filet venu d'un boyau d'arrosage sur celles-ci afin de repérer le sillon naturel de coulée. Il vous suffira d'accentuer la trajectoire suivie par l'eau. Rendez d'abord étanche la section du monticule sur laquelle les pierres reposeront; utilisez pour cela une géomembrane et protégez celle-ci par un géotextile. La glaise est le meilleur matériau pour empêcher l'eau de s'infiltrer sous les pierres. Une épaisse couche de glaise de bonne qualité placée sous et entre elles bloquera l'eau et fournira une protection supplémentaire à la membrane. À défaut de glaise, utilisez du goudron pour toiture de préférence au ciment qui s'effrite facilement sous notre climat. Pour masquer la couleur du goudron, recouvrez-le pendant qu'il est encore tout frais avec un concassé fin, de la poussière de pierre, du sable ou de la terre noire tamisée.

La finition des chutes

Même si les Chinois parlent d'« empiler les pierres » pour désigner la création de « montagnes » ou de chutes, cette opération est considérée par eux comme une forme d'art. Il en va de même pour les Japonais qui nomment d'un terme spécifique chacune des pierres en fonction de leur emplacement dans une chute. Nous vous proposons, au moyen de la figure 38, de vous y référer dans l'aménagement de la chute que vous projetez de construire.

La pierre de miroir (a) détermine la forme de la chute d'eau : en rideau, en surplomb ou en filet. La forme de la coulée dépend d'abord de l'avancée plus ou moins accentuée de la pierre de miroir par rapport à la montée de la chute. Le débit d'eau fourni par la pompe permet d'obtenir un effet différent qui va du suintement de l'eau sur la pierre à une projection plus ou moins éloignée de celle-ci.

La pierre de division (b) partage l'eau en la projetant vers plusieurs directions. Elle accroît l'oxygénation de l'eau par simple brassage. Parfois une pierre de miroir joue également ce rôle. La disposition particulière de ce genre de pierres peut contribuer à la brumisation des plantes de bordure. Veillez toutefois à ne pas faire projeter trop d'eau à l'extérieur de l'étang sinon vous devrez compenser cette perte par un apport d'eau nouvelle qui risquerait de détruire l'équilibre biologique.

Les pierres de flanc (c), plus grandes que les autres, sont placées de part et d'autre de la chute et renforcent l'impression de solidité de la

Observez les pierres de miroir et de flanc de cette chute

chute. Elles doivent donc être bien calées dans le monticule tant sur le côté qu'à la base.

Les pierres de base (d) donnent du relief, de la profondeur à la chute et accentuent les nombreux jeux de perspective qui caractérisent les jardins orientaux. Ces pierres doivent également être bien ancrées dans le sol et non seulement déposées.

Les ruisseaux et les pierres

L'installation de pierres dans un ruisseau permet non seulement de reproduire ce que l'on observe régulièrement dans la nature, mais sert également à combler certaines lacunes dans la conception initiale du projet. Vous pouvez, en effet, augmenter la vitesse du débit d'eau en disposant des pierres de manière à réduire le passage de l'eau. Vous pouvez également vous en servir pour rompre la monotonie d'un tracé rectiligne ou protéger une zone de végétation contre l'érosion trop rapide. Les pierres, galets et cailloux jouent un rôle important dans la purification de l'eau. En plus de favoriser son oxygénation, le brassage de l'eau contre les éléments solides entraîne l'évacuation des gaz (dioxyde de carbone, ammoniaque) et les colonies de bactéries qui s'y déposeront convertiront les produits toxiques en composés assimilables par les plantes et les poissons.

LA POMPE

Un bassin ou un étang permettent l'un et l'autre de créer un écosystème dont l'une des qualités est d'autopurifier le milieu. Bien qu'on puisse raccorder un système de filtration à la pompe, ce dernier n'est pas indispensable. La pompe ne sert donc qu'à remonter l'eau du plan principal vers un bassin de réception ou à alimenter un jet d'eau.

Par ailleurs, à moins d'avoir conçu un projet relativement complexe, une pompe externe placée dans une « boîte de contrôle » n'est pas réellement indispensable. Une simple pompe immergée peut couvrir la majorité des besoins, tant par sa capacité que par son prix.

Le choix d'une pompe

Il faut savoir interpréter les données techniques fournies par le fabricant et les transposer au projet auquel on travaille. Nous vous fournissons certaines règles qui vous faciliteront la tâche, qu'il s'agisse d'une pompe destinée à un jet d'eau ou à une cascade. Pour commencer, n'achetez jamais une pompe qui n'est pas munie d'une prise à la terre. Même branchée à distance, votre pompe sera à proximité d'un milieu humide et doit donc vous offrir le maximum de protection. Engagez un électricien pour effectuer le raccordement de n'importe quel circuit au système électrique de votre résidence.

Le fabricant fournit habituellement des précisions sur la dimension, le poids, la consommation en électricité, le diamètre de l'ouverture à l'entrée et à la sortie, la longueur du câble, le débit à diverses hauteurs et la hauteur maximale de pompage. Les données relatives au débit sont établies en fonction du diamètre des conduites d'entrée et de sortie. Contrairement à ce qu'on pourrait croire, ce détail est très important. En effet, pour amener l'eau au sommet d'une cascade, un conduit de diamètre inférieur à celui de la sortie de la pompe entraînera un effort accru de la pompe plutôt qu'une augmentation de la pression d'eau. Il faut donc respecter ce diamètre, quitte à le réduire, au besoin, tout le long de la conduite. L'ajutage ou si l'on préfère l'embout que vous pourriez utiliser dans une fontaine contribuera à redonner une certaine pression. Examinons d'abord ces deux dernières catégories de renseignements à l'aide d'un tableau fournissant les débits de trois types de pompes.

Le débit signifie le volume maximal d'eau qu'une pompe peut élever à une hauteur donnée en une période de temps fixe. Cette capacité est exprimée en gallons ou en litres à l'heure, comme dans le tableau ci-dessous. Ainsi le modèle A fournit en une heure 364 litres à une hauteur de 30 cm, ce qui semble le destiner davantage à un petit jet d'eau ou à

(*À gauche*)
Excavation
(*À droite*)
Tapissage avec une couche de sable

une minuscule cascade de jardin aquatique intérieur qu'à une cascade de taille raisonnable. À 60 centimètres de hauteur, le débit baisse de 25%, et de plus de 50% à 120 cm. La hauteur maximale de portée, 135 cm, confirme donc sa limite de puissance. Le modèle B a un débit initial de 1365 litres à une hauteur de 30 cm et son taux de réduction est moindre que celui du modèle A au fur et à mesure de l'accroissement de la hauteur. Cette capacité le destine à une petite fontaine dotée de jets multiples. Le modèle C dont la capacité est de 5460 litres à l'heure à

QUELQUES DONNÉES TECHNIQUES SUR LES POMPES IMMERGÉES :

	G/H (L/H)	G/H (L/H)	G/H (L/H)	G/H (L/H)	G/H (L/H)	G/H (L/H)	H.MAX.
Hauteur	30 cm	60 cm	120 cm	180 cm	240 cm	300 cm	—
Modèle A	80 (364)	60 (273)	35 (159)	—	—	—	135 cm
Modèle B	300 (1365)	280 (1274)	245 (1115)	205 (933)	160 (728)	110 (500)	360 cm
Hauteur	30 cm	150 cm	300 cm	450 cm	600 cm	750 cm	—
Modèle C	1200 (5460)	1090 (4960)	—	750 (3412)	—	300 (1365)	810 cm

Note :   Les chiffres des modèles des pompes A, B et C sont donnés en gallons/heure à gauche et en litres/heure à droite.

30 cm de hauteur n'en perd toutefois que 10% à 150 cm de hauteur, ce qui le classe dans la catégorie des pompes pour cascades. Dans tous les cas méfiez-vous de la valeur qui apparaît sous la colonne « Hauteur maximale ». Cette valeur indique la hauteur maximale à laquelle une pompe peut maintenir l'eau sans débit résiduel.

Pour évaluer le débit que votre pompe a la capacité de fournir, nous vous proposons ci-dessous une formule empirique suivant laquelle une pompe fournit en une heure 50% du volume d'eau à une hauteur de 30 cm. Par exemple, un bassin de 2 m x 3 m x 60 cm a un volume de 3,6 m³ ou de 3600 litres d'eau. Ce volume d'eau divisé par deux donne la quantité de litres / heure que la pompe devra fournir. N'oubliez pas de tenir compte de la profondeur du bassin dans l'évaluation de la hauteur totale que la pompe devra alimenter.

$$\text{capacité horaire de la pompe} = \frac{\text{longueur moyenne en mètres} \times \text{largeur moyenne en mètres} \times 1000 \, \text{l/m}^3}{2}$$

En outre, à chaque longueur de 3,04 m sur laquelle vous pompez l'eau correspond une élévation de 30 cm en raison de la friction de

(À gauche)
Installation de la géomembrane par dessus le géotextile
(À droite)
Résultat final

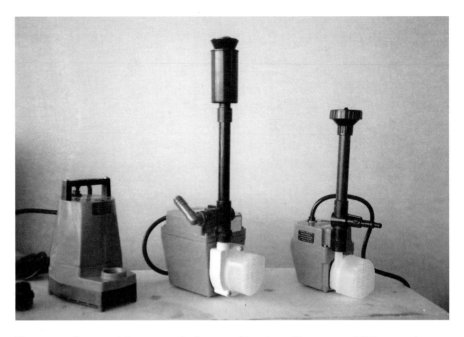

Quelques modèles de pompes

l'eau sur la paroi interne de la canalisation. Pour un débit requis par un plan d'eau qui soit à mi-chemin entre les capacités de deux pompes, optez toujours pour la pompe dont le débit est le plus élevé.

Ces règles ont néanmoins une limite, car elles ne tiennent pas compte de la pente du ruisseau, de sa longueur, de sa largeur ou de celle de la chute. Le débit additionnel qui serait alors requis peut difficilement être calculé à l'aide d'une formule. La façon d'évaluer le volume d'eau pour une chute consiste à créer un modèle basé sur les caractéristiques principales que nous venons de relever et de les compléter au moyen des spécifications fournies par les fabricants. Renseignez-vous à ce propos auprès des détaillants ou des entreprises spécialisés dans les matériaux pour jardins aquatiques. Pour réaliser ce modèle, construisez avec quelques planches une section du ruisseau qui précède immédiatement le point de chute de l'eau. Munissez-vous également d'un récipient dont vous connaissez la capacité en litres ou en gallons. À l'aide d'un boyau d'arrosage, faites d'abord couler de l'eau dans la canalisation de bois, en augmentant ou en réduisant le débit pour vous donner une idée du volume d'eau qui conviendrait à vos besoins. Lorsque vous avez obtenu un volume d'eau adéquat, mesurez-en le débit. Sans fermer le robinet du boyau, chronométrez le temps qui est nécessaire au remplissage du récipient ou encore ajoutez-y de l'eau pendant 60 secondes. Calculez la conversion sur une base de litres ou de gallons par heure en vous servant de la table de conversion à la fin de cet ouvrage. Lisez les spécifications du fabricant pour connaître le modèle de pompe qui correspond le mieux aux résultats obtenus.

L'installation de la pompe

L'emplacement de la pompe dans le plan d'eau dépend de la fonction que l'on veut lui attribuer. Si elle doit alimenter une cascade, il faut la placer au pied de celle-ci pour minimiser la perte de débit causée par la distance entre la zone de pompage et celle de déversement. S'il s'agit d'une fontaine, on installera la pompe près de la zone de projection d'eau. Les fabricants d'ajutage précisent la hauteur et l'angle de projection d'eau des divers modèles conçus pour chaque pompe. Une règle d'esthétique préconise que l'eau ne soit pas projetée a une hauteur supérieure à la largeur ou au diamètre du plan d'eau. La hauteur et l'angle de projection doivent être calculés en fonction de la force et de l'orientation des vents dominants afin d'éviter le gaspillage de l'eau. Sachez également que certaines plantes aquatiques, notamment les nymphéas et les lotus, dépérissent lorsqu'elles sont constamment arrosées par les gouttelettes d'une fontaine ou d'une cascade.

Si la pompe est dotée d'un filtre biologique, il faut la placer à l'extrémité la plus éloignée de la zone de déversement d'eau. Ce faisant, vous maximisez la circulation d'eau à l'intérieur du filtre. Rappelez-vous que ce filtre n'est pas nécessaire si, dans la pièce d'eau, vous avez placé des plantes aquatiques connues pour leur action purifiante et si le nombre de poissons n'est pas élevé. On peut réaliser soi-même un filtre biologique un entourant la pompe de pierres volcaniques dont on se sert dans les barbecues. La perte de débit qui en résulte est négligeable. La texture poreuse de ces pierres retient les sédiments tout en offrant aux bactéries des points d'ancrage.

La forme irrégulière de certains jardins aquatiques commande parfois une circulation assistée de l'eau pour régulariser la température des zones trop chaudes propices au développement d'algues. C'est notamment le cas des jardins aquatiques dont la forme ressemble à un triangle scalène. Dans la figure 39, une pompe de faible puissance qui serait placée dans la zone A pourrait ne pas capter l'eau de la zone B. Si aucune végétation flottante (nymphéas, aponogéton, jacinthe d'eau) ne tamise les rayons du soleil de cette zone, il se créera une zone chaude où les algues risquent de proliférer. Une pompe plus puissante parviendra à capter l'eau dans la zone B. Cependant, il faudra ajuster le débit de sortie au moyen d'une valve pour éviter une trop grande projection de l'eau. Une autre méthode consiste à placer la pompe à la pointe du triangle comme l'illustre la figure 40. On peut également pomper l'eau par des tuyaux perforés convertis de ce fait en un filtre biologique (voir figure 41). Ces tuyaux doivent être recouverts de géotextile pour ne pas être obstrués par les sédiments

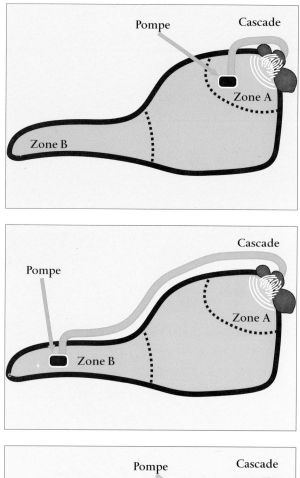

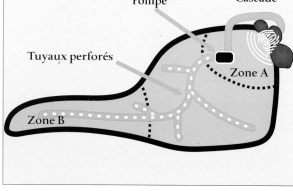

Figure 39, 40, 41

Pompe placée trop loin de la zone B

Pompe placée à l'endroit adéquat

Tuyaux perforés convertis en un filtre biologique

qui se déposent lentement au fond du jardin aquatique.

Signalons enfin que la très grande majorité des pompes conçues pour les jardins aquatiques peuvent fonctionner sans interruption. Vérifiez cependant auprès du détaillant si le modèle qu'il vous propose fait partie de cette catégorie. Avant de faire l'achat d'une pompe, lisez attentivement la garantie, surtout si vous envisagez de l'utiliser pour entretenir une colonne d'aération dans votre jardin aquatique au cours de l'hiver.

Si vous avez des poissons et une quantité importante de plantes dans votre jardin aquatique, nous vous recommandons fortement de maintenir la pompe en opération la nuit. Le processus de photosynthèse impose cette pratique. Pendant le jour, les plantes absorbent le dioxyde de carbone et le transforme en oxygène. La nuit, le processus est inversé. Les plantes consomment l'oxygène et émettent du dioxyde de carbone, réduisant ainsi l'oxygène disponible pour les poissons. Vous décélerez facilement une faible teneur en oxygène par le comportement des poissons tôt le matin. S'ils viennent respirer à la surface, malgré des tests d'eau révélant un faible niveau d'ammoniaque et de nitrites, il y a très probablement insuffisance d'oxygène. Le fonctionnement de la pompe durant la nuit entraîne donc un apport additionnel d'oxygène dans l'eau. À la limite, on mettra la pompe en opération vers 4 h à l'aide d'une minuterie.

LES LUMINAIRES

Dans la partie I, nous avancions la possibilité de rehausser l'aspect d'un jardin aquatique en y plaçant des luminaires. De nombreux modèles sont en vente dans le commerce et le choix s'échelonne des

Ce pont arqué est muni d'une main courante basse afin de respecter les proportions de l'ensemble.

éclairages externes aux luminaires submersibles qu'on peut installer soi-même et brancher sur une prise extérieure. Plusieurs systèmes fonctionnent sur bas voltage (12 V), ce qui réduit la note d'électricité. Pour ne pas vous déplacer chaque fois que vous allumerez ou éteindrez l'éclairage, choisissez un modèle qui comporte une minuterie ou auquel il est possible d'en ajouter une. Même si certaines minuteries sont conçues pour être installées à l'extérieur, installez cet accessoire à l'intérieur de votre demeure. Vous pourrez ainsi y accéder quelle que soit la température. Au moyen d'une légère modification effectuée par un électricien, la cellule photoélectrique incluse dans certains modèles peut être localisée près de la zone d'éclairage. Si vous envisagez d'installer un luminaire fait sur mesure ou de procéder à l'extension d'un système déjà existant, recourez aux services d'un électricien afin de vous conformer aux normes en vigueur.

La localisation d'un luminaire est fonction de l'effet que vous souhaitez créer. Il vous est loisible de vouloir souligner certains détails, de créer des effets de miroir ou d'éclairer un sentier qui longe l'eau.

Un éclairage submersible près des nymphéas à floraison nocturne offre un très joli coup d'œil. En revanche, il ne vous permettra pas de voir le fond du jardin aquatique ni les poissons, à moins qu'ils ne passent directement au-dessus de la lumière. De plus, la présence d'algues et particules en suspension dans l'eau est accentuée par la lumière.

Un luminaire externe placé au-dessus de la pièce d'eau ou sous un certain angle produit des effets de miroirs où les branches des arbres et des arbustes se reflètent sur l'eau comme par les soirs de pleine lune. Installez le luminaire à une hauteur calculée de manière qu'il ne vous aveugle pas lorsque votre regard porte vers l'avant. N'abusez pas de ce type de luminaire, sinon, ce seront les lumières qui se refléteront dans l'eau et non les composantes que vous souhaitez voir. À moins d'avoir un jardin aquatique de dimension moyenne ou grande, ne combinez pas les deux types d'éclairages, interne et externe, car le plus puissant des deux prédominera et créera plus de confusion qu'autre chose.

Enfin, un éclairage fonctionnel en bordure de l'eau ou près de zones plus sombres rassurera les personnes qui désirent admirer de près le jardin aquatique. En outre, il permettra d'accentuer légèrement certaines composantes. Placez les luminaires à l'arrière des massifs floraux pour mieux discerner les groupes. Installez-les près du sol, car vous cherchez à illuminer certains éléments et non à exhiber votre système d'éclairage.

LES PONTS, GUÉS ET PAS JAPONAIS

Même s'ils ne sont pas obligatoires, les ponts, gués et pas japonais contribuent à briser la monotonie d'un plan d'eau en créant des points de vue particuliers dans votre aménagement. Ces composantes doivent respecter le contexte et les proportions qui se dégagent de l'ensemble. Si votre budget ne vous permet pas de les construire immédiatement, ils peuvent être facilement ajoutés dans une phase subséquente à condition que leur emplacement ait été prévu au moment de l'excavation ou de la finition du pourtour du bassin. Bien qu'ils soient avant tout décoratifs, ils doivent être d'une solidité à toute épreuve. Vous pourrez sans trop de difficulté adapter à vos besoins les plans de base que nous vous fournissons ci-après.

Le pont arqué

Le pont arqué, avec ou sans main courante, est sans doute l'élément le plus en vogue. Fait en rondins, en planches ou même en madriers recouverts de gazon, il se marie bien aux jardins aquatiques d'influence orientale. La structure de base est faite de bois traité sous pression, compte tenu de la proximité de l'eau. L'exemple ci-dessous a une longueur de 2 m.

Selon la courbure que vous souhaitez donner à l'ouvrage, faites l'acquisition de planches de 15 cm ou de 26 cm de largeur. Leur épaisseur minimale devra être de 6 cm. Commencez par tracer deux arcs sur la planche. Pour ce faire, plantez un petit clou à chaque extrémité de la planche et attachez-y une ficelle plus longue qu'elle. Plus la ficelle est longue, plus la courbure sera prononcée. Tracez un premier arc en appuyant le crayon contre la ficelle. Refaites l'opération en réduisant de 30 cm la longueur de la ficelle et en la fixant à 15 cm de chaque extrémité de la planche. Découpez la planche à la scie sauteuse en suivant le tracé. Servez-vous de la première planche comme gabarit pour les autres. Pour renforcer la solidité du pont, placez une troisième planche au milieu des deux autres. Poncez ensuite les sections découpées et appliquez un protecteur pour bois. La figure 42 vous explique la façon de faire le tracé.

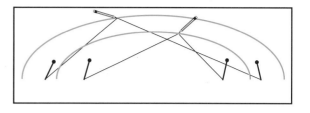

Figure 42
Tracé de courbes au moyen d'un crayon et de ficelles fixées sur la planche

Posez ensuite les traverses qui seront faites de planches de 5 cm sur 10 cm que vous pouvez faire alterner avec des planches de 5 cm sur 5 cm. Fixez-les par des vis de 6 cm de longueur. Comme le bois se contracte en séchant, prévoyez un écartement maximal de 3 mm à 4 mm entre chaque planche.

À moins qu'il ne s'agisse d'un pont de grande dimension qui franchit un plan d'eau relativement profond, une main courante n'est pas indispensable. Si vous en voulez une, construisez-la à l'échelle du jardin aquatique. Vous introduirez ainsi une perspective forcée qui donnera l'illusion d'un plan d'eau plus grand. Une simple latte de bois de 2 cm posée à plat sur des montants de 2 cm sur 2 cm suffira à procurer un sentiment de sécurité.

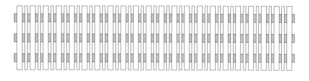

Figure 43
Traverses de 5 cm et de 10 cm placées en alternance sur les supports

Pont à angle

Il est fréquent de voir un pont à angle dans un jardin de style japonais. Ce genre de pont qui dépasse à peine la ligne d'eau exprime davantage une croyance religieuse qu'un style particulier. Les Japonais affirment, en effet, que les mauvais esprits hantent les étendues d'eau, mais ne peuvent se déplacer qu'en ligne droite. Pour les fuir plus facilement, on a donc introduit des ponts dont les sections se croisent à angle et permettent au marcheur de s'écarter momentanément en forçant les mauvais esprits à continuer leur chemin en ligne droite. Les croquis des figures 45 et 46 vous permettront d'en construire sans trop de difficulté. N'oubliez pas d'appliquer un protecteur sur toutes les sections sciées. Cachez les vis au moyen de goujons de bois pour obtenir une finition semblable à celle des ponts à angle japonais.

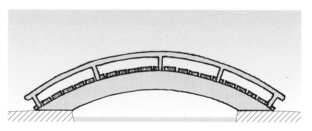

Figure 44
Main courante basse sur un pont arqué

Terminons cette section sur les ponts en rappelant que leur installation dans un jardin aquatique ne se justifie que si leurs

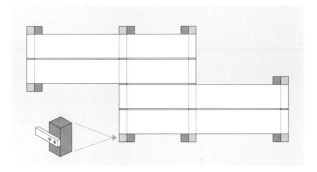

Figure 45
**Vue en plongée d'un
pont à angle**

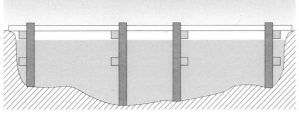

Figure 46
**Vue frontale d'un
pont à angle**

dimensions sont en proportion avec le plan d'eau. Si le jardin est trop petit, le pont paraîtra démesuré. En ce cas, il vaut mieux opter pour un gué.

Le gué

Le gué constitue certes un lieu de passage en eau peu profonde, mais aussi un élément esthétique dans tout jardin aquatique. Le gué est fait d'une pierre de grandeur moyenne et relativement plate. Il fournit un nouveau point de vue sur les plantes et sur les poissons; il est aussi agréable, mais moins encombrant qu'un pont.

La pierre doit être stabilisée soit sur l'un des paliers, soit sur le bord de l'étang. Lorsque la surface et le dessous de la pierre sont plats, cela ne comporte guère de difficulté. En revanche, si le dessous est irrégulier, on peut poser la pierre sur des sacs de plastique remplis de sable et recouverts de géotextile. C'est une solution très efficace et peu coûteuse. L'installation d'une pierre sur le rebord de l'étang exige certaines précautions si l'on veut éviter que l'eau ne s'écoule hors du jardin aquatique. La membrane de CPV doit, en effet, envelopper le dessous de la pierre et remonter légèrement sur les côtés. On peut alors la faire adhérer à la pierre en se servant d'un goudron hydrofuge.

Les pas japonais

Nous avons mentionné plus haut la présence fréquente de cet arrangement de pierres plates dans les jardins japonais. Les pas japonais peuvent être installés aux abords de l'étang ou traverser une section de celui-ci. Ils prolongent en cela l'effet procuré par le gué. Leur pose s'effectue donc selon une méthode analogue à celle que l'on utilise pour le gué.

Les autres composantes orientales

L'attrait que nous manifestons à l'égard des civilisations orientales surpasse de plus en plus celui que nous inspire l'excellence de leurs produits, les baladeurs, vidéos, caméras, etc. Comme les jardins ont toujours été associés à des notions culturelles et sociales, il n'est donc pas étonnant de voir à quel point l'ingéniosité des Japonais, entre autres, était déjà chose courante il y a des siècles. Le Tsukubai

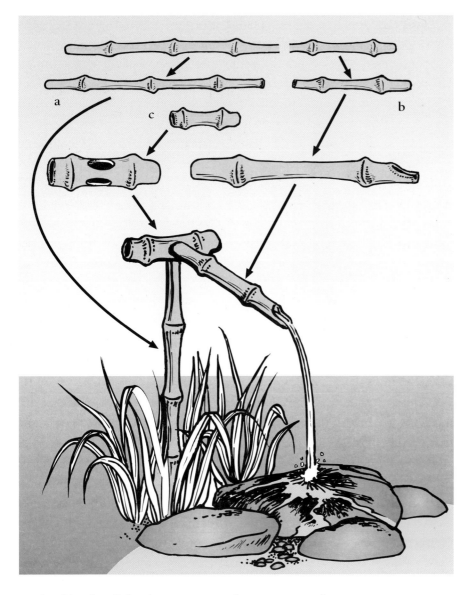

Figure 47
**Tsukubai.
Étapes de réalisation
de la chantepleure de
bambou :
a) section de 60 cm;
b) section de 30 cm
servant d'embout;
c) section de 20 cm
percée de 2 trous.**

et le Shishi Odoshi en sont deux exemples que nous vous
proposons ici.

Tsukubai

Le Tsukubai, ce « lieu où on doit s'agenouiller », que nous avons
décrit dans le chapitre 1, peut constituer une composante attrayante
dans un jardin aquatique de cour intérieure, car il est de dimensions
restreintes. Bien qu'il faille normalement une pierre creusée, on peut
lui substituer une forme faite en ciment. Le bassin de réception est
identique à celui qui est illustré à la figure 16. De fait, la seule
différence entre cet élément décoratif et le Tsukubai réside dans
l'utilisation de chantepleure en bambou à la place du jet d'eau.

Coupez d'abord la section de bambou de 1 m en 2 sections, l'une de 60 cm (a) et l'autre de 30 cm de longueur (b). Perforez ensuite les membranes intérieures des sections de bambou. Arrondissez l'un des bouts de la section de 30 cm en lui donnant la forme d'une cuillère. L'eau découlera par cette section vers le creuset de pierre ou de béton.

LES MATÉRIAUX À RASSEMBLER :
- 1 section de bambou d'un diamètre de 3 cm et d'une longueur de 1 m;
- 1 section de bambou d'un diamètre de 6 cm à 8 cm et d'une longueur de 20 cm;
- 1 tube de plastique de 3 cm de diamètre et d'une longueur de 2 m;
- 1 petite pompe submersible (100 litres/heure);
- section de bois de 5 cm x 8 cm x 15 cm;
- contenant en polyéthylène de 40 cm à 45 cm.

Percez un trou dans la section de 5 cm x 8 cm x 15 cm. Ce trou doit avoir le même diamètre que la section de bambou de 60 cm. Ce morceau servira de base au Tsukubai. Percez maintenant deux trous dans la section de 20 cm (c), l'un d'eux, face à vous, et l'autre sous la section. Cette section fait la jonction entre les sections A et B. Introduisez le tube de plastique d'abord dans la section de 30 cm, puis à travers les 2 trous de la section de 20 cm, et enfin à l'intérieur de la section de 60 cm.

Reliez finalement les 3 sections de bambou en insérant les sections de 30 cm et de 60 cm dans les trous que vous avez percés dans la section de 20 cm. Ne pincez pas le tube de plastique en reliant les trois sections, car l'eau y circulerait difficilement.

Il ne vous reste qu'à relier le tube à la pompe et à placer le tout au-dessus du bassin de réception d'eau du Tsukubai. La figure 47 illustre les phases de construction des sections de bambou.

Le Shishi Odoshi

Le Shishi Odoshi ou « épouvantail à chevreuil » est un autre élément décoratif très courant dans les jardins japonais. Il est formé d'une section de bambou qui pivote sur un axe et dont l'une des extrémités s'appuie sur une pierre et l'autre sous une chantepleure de bambou. En la remplissant graduellement, l'eau la fait basculer. Une fois vide, la section de bambou reprend sa position initiale et produit un claquement sec au contact d'une pierre. Nous vous proposons de réaliser cet accessoire illustré à la figure 48.

La section de bambou la plus longue sert à recevoir l'eau et est supportée par les deux autres sections fichées dans le sol. Sans

Tsukubai

Chozubachi

perforer la membrane intérieure du bambou, taillez la section longue de façon à ce que l'un des anneaux de croissance soit à une quinzaine de centimètres de l'extrémité. C'est dans cette partie que l'eau s'accumulera et elle n'a pas à contenir beaucoup d'eau pour basculer. Taillez cette extrémité en forme de cuillère. Introduisez le tuyau de CPV dans le bambou jusqu'à ce qu'il appuie sur la

Figure 48
Shishi Odoshi

LES MATÉRIAUX À RASSEMBLER :

- 1 section de bambou d'environ 40 cm à 50 cm de longueur et d'un diamètre de 5 cm à 7,5 cm;
- 2 autres sections de bambou d'environ 30 cm de longueur et d'un diamètre de 5 cm à 7,5 cm;
- 1 tuyau de CPV de 15 cm de longueur et d'un diamètre de 3 cm à 6 cm;
- 1 goujon de bois d'environ 15 cm de longueur et d'un diamètre de 1 cm;
- une petite quantité de mastic d'électricien;
- 1 section de bois d'environ 15 cm à 24 cm de longueur et de 2,5 cm de large;
- 4 vis à bois de 7,5 cm.

membrane. Éliminez l'excédent de CPV en épousant la forme de l'embout. Tapissez ensuite la membrane avec le mastic d'électricien pour empêcher l'eau d'imbiber le bambou.

Recherchez le centre de gravité de cette section en la tenant en équilibre à l'aide d'une ficelle attachée au centre. Faites-le avec beaucoup de précision, car le mouvement de bascule du bambou en dépend. Marquez au crayon le centre de gravité, puis percez un trou

à travers le bambou en vous servant d'une mèche à bois légèrement plus large que le goujon.

Coupez en 2 la section de bois de 15 cm à 24 cm. Ces morceaux serviront de traverses au support et seront fixés au moyeu de vis aux sections de bambou de 30 cm. Vérifiez si ces sections sont suffisamment écartées l'une de l'autre, car la section plus longue doit pouvoir pivoter facilement lorsque vous la fixerez sur le support. Percez chaque section de part en part à quelque 10 cm du haut à l'aide d'une mèche à bois de même largeur que le goujon. Introduisez d'abord le goujon dans l'une des sections du support, puis à travers les trous percés dans la section longue, et enfin dans la seconde section du support. Votre Shishi Odoshi est prêt à installer près d'un ruisseau où il sera alimenté en eau par d'autres sections de bambous que vous pourrez monter à votre goût. Vous pouvez également recourir à la chantepleure en bambou décrite plus haut.

(*À gauche*)
Un autre exemple de Tsukubai
(*A droite*)
Sishi Odoshi

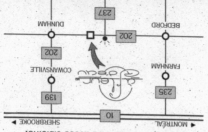

PRODUCTION DE VÉGÉTAUX AQUATIQUES POUR
JARDIN D'EAU, ÉTANG ET LAC NATUREL :
· PLANTES AQUATIQUES INDIGÈNES,
  HYBRIDES RUSTIQUES ET TROPICAUX
· PLANTES DES LIEUX HUMIDES
· PLANTES POUR MARAIS FILTRANTS

DISTRIBUTION :
· MEMBRANES, POMPES ET ACCESSOIRES
  DE JARDIN D'EAU

PISCICULTURE
· POISSONS ORNEMENTAUX D'EAU FROIDE
  (KOI ET CARCASSINS)

SERVICES
· CONSULTATION
· CONFÉRENCE
· FORMATION
· AMÉNAGEMENT
· PLANTATION

DANIELLE BILODEAU ET ROBERT LAPALME

LES PLANTES

LE CHOIX DES PLANTES AQUATIQUES

L E bassin ou l'étang artificiel est enfin construit et vous venez d'achever la partie la plus fastidieuse du travail. Avant d'y introduire les plantes aquatiques, l'eau devra reposer durant trois ou quatre jours pour laisser évaporer les chlores et chloramines ajoutés par l'usine de traitement des eaux. Ces substances sont très nocives pour les plantes aquatiques et les poissons. Il est donc normal que des algues apparaissent au cours de cette période, surtout si le jardin aquatique est peu profond. La végétation résoudra rapidement ce problème. Les conseils qui suivent se rapportent à l'étape de la plantation, assez simple en soi, mais qui exige cependant certaines précautions si l'on veut obtenir une croissance rapide des végétaux.

Les plantes achetées dans le commerce

Choisir des plantes aquatiques n'est pas une tâche simple pour le novice. La documentation sur les autres plantes de jardin, vivaces ou annuelles, est aisée à obtenir, mais les plantes aquatiques sont encore peu connues. On en trouve cependant quelques variétés dans les centres-jardin, et cela s'explique par l'engouement récent des gens pour les jardins aquatiques. La solution la meilleure consiste à s'approvisionner en plantes aquatiques auprès de firmes spécialisées. Il y a trois raisons à cela.

La première, la qualité. Les spécialistes ont déjà procédé à des essais d'adaptation à notre climat et, de ce fait, connaissent les exigences particulières à ce type de végétaux. Le personnel des firmes peut donc vous fournir tous les renseignements nécessaires. Les plantes sont vendues avec une garantie qui couvre de quelques semaines à une saison complète.

La deuxième raison a trait au coût des plantes. En effet, la plupart des centres-jardin horticoles se fournissent eux-mêmes dans ces firmes. Vous avez donc intérêt à considérer les avantages et services inclus avec l'achat d'une plante lorsque son coût est plus élevé que celui demandé par les pépiniéristes. Certains producteurs vous offriront même des plantes gratuites si vous vous procurez chez eux les matériaux de construction qui vous sont nécessaires.

La troisième raison concerne la diversité des produits horticoles. Vous saurez apprécier les avantages d'un choix, tant de couleurs que de variétés rustiques ou tropicales, naines ou standards, de nymphéas.

Les achats s'effectuent sur place ou par commande postale faite par catalogue. Dans ce cas, le fait de ne pouvoir choisir la plante soi-même représente parfois un inconvénient. S'il s'agit de nymphéas ou de lotus, vous ne voyez pas la couleur exacte de la fleur et devez vous fier aux apparences souvent trompeuses des photos des catalogues ou des livres horticoles. De plus, au fur et à mesure que la saison avance, les fournisseurs disposent de moins de plantes adultes et, malgré leur bonne foi, expédient parfois de jeunes plants. Comme certaines variétés de nymphéas mettent deux ans à fleurir, on comprend la déception de l'acheteur : il n'y a que du feuillage dans son jardin aquatique! Insistez donc pour obtenir des plants en pleine maturité.

L'envoi par la poste de plantes aquatiques ne leur cause aucun dommage. Elles voyagent tout au plus trois ou quatre jours dans des cartons conçus pour maintenir un niveau d'humidité adéquat. Dès réception, placez-les dans un récipient jusqu'au moment de les transférer dans la pièce d'eau. Les plantes à port dressé se conservent mieux si elles sont maintenues à la verticale. N'importez pas vous-même de plantes aquatiques. Elles seront interceptées aux douanes et, à moins de s'être entendu au préalable, avec Agriculture Canada, sur leur mise en quarantaine, elles seront tout bonnement détruites. Demandez plutôt à votre fournisseur de les commander pour vous.

Les plantes que l'on cueille soi-même dans la nature
On peut parfois récolter certaines plantes aquatiques sur les berges des lacs, des marais ou des cours d'eau. Les plus courantes sont le calla des marais (*Calla palustris*), l'Élodée du Canada (*Elodea canadensis*), le butome à ombelle (*Butomus umbellatus*), le jonc épars (*Juncus effusus*), la vallisnérie d'Amérique (*Vallisneria americana*), le nymphéa tubéreux (*Nymphæa tuberosa* 'Alba') et le grand nénuphar jaune (*Nuphar variegatum*). Sachez que leur prélèvement déséquilibre l'écosystème, particulièrement là où ces plantes sont en petit nombre. Vous risquez également de contaminer votre jardin aquatique en y introduisant des bactéries et insectes adultes ou à l'état larvaire qui pourraient coloniser les tiges ou le substrat. Afin de minimiser ces risques, enlevez toute la terre collée aux racines sous le jet d'un boyau d'arrosage. Taillez également les tiges sur toute leur longueur; d'autres se développeront assez rapidement.

LES CATÉGORIES DE PLANTES

On s'entend généralement sur le regroupement en cinq catégorie des plantes d'un jardin aquatique : les plantes émergentes ou dressées, les plantes flottantes ou à feuillage flottant, les plantes submergées ou immergées, les plantes nageantes et les plantes de bordure. Comme le répertoire de la page 141 fournit les caractéristiques des principales plantes aquatiques, nous nous limiterons ici à une description sommaire de ces catégories.

Les plantes émergentes ou dressées

Les plantes émergentes ont habituellement des rhizomes pris dans le fond du plan d'eau ou d'un panier de plantation alors que les feuilles et les fleurs se dressent verticalement au-dessus de l'eau. Les sagittaires, carex, acores et pontédéries en sont des exemples. Non seulement sont-elles décoratives, mais elles servent également à stabiliser et à retenir le substrat ou les bordures du jardin aquatique. Généralement très rustiques, on les retrouve en abondance dans les lacs, cours d'eau et marais du Québec. Des variétés tropicales sont également offertes. La profondeur de plantation varie de 15 cm à 0 cm selon l'espèce.

Les plantes flottantes ou à feuillage flottant

Les plantes à feuillage flottant peuvent avoir des rhizomes ou à tubercules, mais leurs feuilles flottent sur l'eau. Elles constituent la composante horticole de base d'un jardin aquatique. Les nymphéas ou lis d'eau et les lotus comptent parmi celles que l'on connaît le mieux.

Ces plantes, de la famille des Nymphéacées, font partie des plantes les plus anciennes que l'on connaisse. On a retrouvé, dans des formations rocheuses et des fossiles d'Amérique du Nord et d'Europe, des résidus semblables aux plantes qui existent de nos jours. En Égypte, à l'époque des pyramides, les pétales du lotus sacré servaient d'ornements funéraires. Cette famille renferme neuf genres : *Nymphæa, Nuphar, Nelumbo, Brasenia, Cabomba, Victoria, Barclaya, Ondinea* et *Euryale*.

Les *Nymphæa* ou lis d'eau se présentent sous des formes rustiques et tropicales. Ces dernières ont des variétés diurnes (elles fleurissent le jour) et des variétés nocturnes (elles fleurissent de 16 h à 10 h le matin suivant). Bien que la plupart des fleurs de cette catégorie flottent, certaines variétés ont des fleurs qui se dressent au-dessus de l'eau. C'est le cas notamment de la *N. odorata* 'William B. Shaw'. Les variétés rustiques hivernent bien en zone 3b. Les nymphéas produisent continuellement des fleurs d'une durée de vie de quatre à cinq jours. Les feuilles se développent en s'éloignant du centre de la plante sans tige apparente. En effet, le pétiole est directement relié à la racine et s'allonge très rapidement pour compenser la hausse du niveau de l'eau ou pour laisser place à de nouvelles feuilles.

Les *Nymphæas* rustiques sont offerts en blanc, rouge, jaune et rose, couleurs redevables à un hybrideur français du siècle dernier, Joseph Bory Marliac-Latour. Faute d'avoir laissé de la documentation sur ses techniques, la mort de cet horticulteur en 1911 mit presqu'un terme à la mise au point de nouveaux hybrides rustiques. Les variétés tropicales disposent, elles, de deux couleurs supplémentaires : le bleu et le violet. Le colori de certains nymphéas varie au cours de la floraison. Ainsi, la fleur du *Nymphæa* 'Commanche' débute en blanc avec des tons orange pour finir cuivrée; son feuillage évolue du violet au vert pâle. L'étalement de certaines variétés est impressionnant, d'autres ont un diamètre qui en font des plantes naines. La fleur du *Nymphæa odorata* 'Gigantea' peut mesurer jusqu'à 20 cm, tandis que le *Nymphæa pygmea* 'Rubra' n'a que quelques centimètres. Sachant cela, on en déduit qu'un jardin aquatique ne doit pas être obligatoirement de grande dimension. Par ailleurs, l'ensoleillement direct doit être d'au moins six heures par jour pour la majorité des variétés et, dans le cas des variétés tropicales, la température de l'eau relativement constante à 20°C. La profondeur de plantation peut varier de 1 m à 12 cm, mais la moyenne est de 30 cm. Au Québec, on dispose, entre autres, d'une espèce rustique répandue, le nymphéa odorant à fleur blanche. Le feuillage des plantes flottantes n'a pas uniquement une valeur décorative. Leur étalement en surface leur permet d'absorber les rayons lumineux, régularisant ainsi la température de l'eau et le développement d'algues. Par temps chaud, elles procureront également une ombre rafraîchissante aux poissons.

Le genre Nuphar renferme une variété très commune sur nos lacs, le grand nénuphar jaune, *Nuphar variegatum*. Son principal avantage est de pouvoir se développer tant à l'ombre qu'en plein soleil. Cette plante s'adapte bien à n'importe quelle profondeur de plantation et est très résistante à notre climat.

Le genre *Nelumbo* regroupe les diverses variétés de lotus. Cette plante semi-rustique, remarquable par son feuillage dressé et la beauté de ses fleurs, se développe à partir d'une racine de type rhizome en forme de banane dont la fragilité exige beaucoup de précautions au moment de la plantation. N'en déplaise aux férus des aventures de Tintin, le lotus bleu n'existe pas! Hergé l'a sans doute confondu avec le nymphéa bleu (*Nymphæa caerulea*), variété tropicale de couleur bleue.

Les genres *Victoria* et *Euryale* ont de nombreux points communs à leur origine : l'Amérique du Sud, l'habitat tropical, le développement, et incontestablement, la taille. En effet, le feuillage du *Victoria amazonica* peut atteindre 2 m de diamètre tandis que celui de l'Euryale a un peu plus de 1 m. Seuls leur conviennent les très larges plans d'eau. Comme beaucoup de plantes aquatiques tropicales, leurs fleurs sont nocturnes et la floraison ne dure que deux jours.

Les plantes submergées ou immergées

Cette troisième catégorie de plantes aquatiques ne produit pas de fleurs ou très peu. Celles-ci sont généralement minuscules et demeurent toujours sous l'eau. Indispensables, elles servent surtout à oxygéner l'eau en absorbant le gaz carbonique produit par la décomposition des plantes et des insectes, et les déjections des poissons. Pendant la période de frai, les femelles y déposent leurs œufs qui seront par la suite recouverts de sperme par les mâles. Les alevins, une fois nés, s'y dissimuleront pendant plusieurs semaines, voire plusieurs mois, pour se protéger de leurs prédateurs, principalement les poissons adultes. Enfin, ces plantes peuvent servir de supplément alimentaire aux poissons. Encore ici, on trouve dans les lacs et cours d'eau du Québec diverses variétés de plantes submergées dont l'élodée du Canada (*Elodea canadensis*) et la vallisnérie d'Amérique (*Vallisneria americana*). Ces plantes ont un développement très rapide et utile au printemps pour enrayer l'envahissement par les algues. Pendant l'été, un contrôle régulier est nécessaire, mais on se bornera à en enlever la partie jugée excédentaire.

Les plantes nageantes

Mises à part les lentilles d'eau (*Lemna minor*) qui se développent de façon spectaculaire au printemps au point de recouvrir facilement un plan d'eau, les plantes nageantes sont tropicales. Les mieux connues sont les jacinthes d'eau, (*Eichhornia crassipes*), dont l'inflorescence s'apparente à la jacinthe terrestre et la laitue d'eau (*Pistia stratiotes*) dont la feuille ressemble à la laitue de Boston, mais uniquement par sa forme. Cette catégorie de plants nage librement à la surface de l'eau sans que les racines aient prise au fond. Certaines ont un système radiculaire très limité comme c'est le cas pour la lentille d'eau et les diverses variétés de fougères aquatiques, alors que d'autres en ont un qui peut atteindre 30 cm comme les jacinthes d'eau. Très décoratives, elles servent, en outre, de nids en période de frai. Bonnes oxygénantes, elles filtrent également l'eau en captant dans leurs racines les particules en suspension, grâce à leur déplacement causé par la moindre brise.

Les plantes de bordure

Sans toujours être véritablement aquatiques, ce sont des plantes dont la base est au niveau de l'eau et des plantes qui poussent en milieu humide. Plusieurs végétaux de marais et de tourbières font partie de cette catégorie. On peut y inclure les arbres et arbustes hydrophiles tels le bouleau de rivière ou le saule pleureur. Le choix de couleurs et de tailles est donc immense. Surtout de nature décorative, les plantes de bordure peuvent être néanmoins d'une grande utilité pour atténuer l'effet du vent en créant un micro-climat autour du bassin. Les arbres, en revanche, devront être à une certaine distance ou être émondés régulièrement pour limiter leur croissance et protéger le jardin aquatique de la chute automnale des feuilles qui, en se décomposant dans l'eau, risquent d'intoxiquer les poissons. Les iris, lobélies et lythrum comptent parmi les principales plantes de bordure que l'on trouve en abondance à l'état naturel au Québec.

LA PLANTATION
Le substrat

Mises à part les plantes flottantes, les plantes aquatiques requièrent un substrat qui remplit le même rôle que pour n'importe quel végétal. Il les fixe dans le sol et lui fournit les éléments nutritifs nécessaires à sa croissance. En revanche, contrairement à ce que l'on fait pour les plantes de parterre, il faut se garder d'enrichir le substrat de matière organique, car, en se décomposant, cette dernière déstabilise l'équilibre biologique et favorise le développement d'algues. La terre brune que l'on trouve sous le gazon et dont on aura retiré les cailloux et les morceaux de bois, d'écorce ou de feuilles constitue un substrat de bonne qualité. Si vous utilisez des fertilisants chimiques ou des herbicides, prélevez la couche de terre à une profondeur de 10 cm à 15 cm. La concentration de produits chimiques à cette profondeur est généralement moins forte. La terre qui provient des travaux d'excavation devrait convenir. Mentionnons que certains producteurs de plantes aquatiques mélangent un fongicide à leur substrat afin d'éviter le développement de certaines maladies dont la pourriture bactérienne de la couronne des nymphéas.

Le pH (potentiel d'hydrogène) requis pour la plupart des plantes de jardin aquatique varie de 6,5 à 7,5. Ce pH correspond à celui de l'eau relativement neutre d'un réseau d'aqueduc de municipalité. Pour combler les besoins de certaines plantes, on peut modifier le substrat terreux en y ajoutant de la tourbe ou des aiguilles de pin pour en augmenter le taux d'acidité, alors que de la poudre d'os ou de la cendre le rendra plus alcalin. Évitez d'utiliser de la chaux dolomite, elle pourrait irriter les muqueuses des poissons.

Lorsque vous prélevez des plantes aquatiques dans la nature, gardez-vous de faire provision du substrat sur lequel elles poussaient, car vous ne connaissez pas nécessairement la qualité du milieu aquatique et vous ne pouvez présumer la présence de graines indésirables.

La quantité limite de plantes

Il n'existe pas de règle précise pour le nombre optimal de plantes destinées à un jardin aquatique. Des spécialistes reconnus sur le plan international ne s'entendent pas encore sur ce point. On recommande de ne pas recouvrir plus des deux tiers de la surface de l'eau pour permettre aux rayons solaires d'atteindre la végétation sans toutefois réchauffer exagérément l'eau elle-même. Rappelons qu'en plus de leur rôle décoratif, les plantes aquatiques remplissent diverses fonctions indispensables en parant à l'érosion des berges, en filtrant l'eau, en l'oxygénant et en régularisant jusqu'à un certain point sa température. La décision d'installer plus ou moins de plantes de telle ou telle catégorie doit être prise à la lumière des observations suivantes :

L'étalement des plantes aquatiques L'étalement des nymphéas peut varier de 30 cm pour les variétés naines à plus de 1 m pour les variétés standards. Comme leurs feuilles contribuent à réduire les variations de température d'un jardin aquatique, cette donnée peut servir à évaluer le nombre de plants en fonction de l'étendue du plan d'eau. Habituellement, cette information est fournie au moment de l'achat.

Le stade de développement des plantes aquatiques Les plantes flottantes (jacinthes d'eau et laitues d'eau) de même que certaines plantes immergées (l'élodée) se développent très rapidement dès le début de la période végétative. Leur présence en plus grande quantité, à cette période, peut accélérer la stabilisation de l'équilibre biologique malgré le stade de développement moins avancé des autres végétaux.

En contrepartie, elles peuvent réduire l'ensoleillement nécessaire aux nymphéas et lotus. Au cours de la première année de vie d'un jardin aquatique, on peut se permettre d'en augmenter le nombre si l'on souhaite jouir d'un feuillage plus dense.

Le nombre et la taille des poissons Plusieurs plantes aquatiques font partie de l'alimentation des carpes japonaises et des poissons rouges. Pour que les plantes contribuent de façon efficace au maintien de l'équilibre biologique, il faut songer à compenser la perte fréquemment observée lorsque le jardin aquatique comporte un trop grand nombre de poissons ou des poissons de grande dimension.

La profondeur du jardin aquatique Si le plan d'eau est peu profond et fortement ensoleillé, le maintien de la température de l'eau à un niveau acceptable sera plus difficile à réaliser au cours de l'été. Le développement d'algues qui s'ensuivra vous signale une rupture de l'équilibre biologique. Pour minimiser ce problème, augmentez le nombre de nymphéas. L'anthocyanine contenue dans leurs feuilles bloque les rayons du soleil plus efficacement que les plantes flottantes.

La profondeur de plantation

Tous les jardiniers amateurs savent que les plantes de jardin sont mises en terre à des profondeurs spécifiques qui en favorisent la croissance et la floraison. Il en va de même pour les plantes de jardin aquatique. Qu'il s'agisse de plantes à feuillage flottant comme les nymphéas et les lotus, ou de plantes de tourbière et de marais tels les iris et le calla des marais, toutes ont une profondeur de plantation optimale. Ces renseignements sont consignées dans le répertoire (voir p. 139) placé à la fin de cet ouvrage. Pour faciliter le début de leur croissance, disposez les plantes à une profondeur moindre, de manière que leur couronne soit à quelques centimètres à peine sous le niveau de l'eau. Par la suite, réinstallez-les à leur niveau normal.

LES MÉTHODES DE PLANTATION

Sauf pour les plantes flottantes et les plantes immergées, on a recours à l'une ou l'autre des méthodes suivantes : la plantation en panier ou la plantation en pleine terre. Dans un cas comme dans l'autre, les nymphéas et les lotus doivent être installés loin de toute cascade ou fontaine. Ces plantes ne supportent pas de vivre en eau agitée et tolèrent encore moins d'avoir leurs feuilles arrosées.

La plantation en panier

La première méthode, sans contredit la
plus répandue, consiste à placer chaque
plante dans un panier dont la paroi en
forme de grille laisse circuler les éléments
nutritifs en suspension dans l'eau. Elle
permet en outre de transporter ou
déplacer les plantes au moment de
l'installation, de l'entretien ou des essais de
multiplication. Optez pour cette méthode

Figure 49
**Rhizome de lotus
disposé à plat**

si vos plantes doivent être localisées dans les sections profondes du
jardin aquatique. Autant que possible, utilisez un panier assez large
pour les nymphéas et les lotus.

Pour éviter que la terre ne s'éparpille au travers du grillage tapissez
de jute l'intérieur du panier. À la longue, ce textile se décomposera
sans danger pour les plantes. Déposez d'abord une couche de terreau
en le tassant avec les mains. Au couteau, enlevez les petites racines du
rhizome ou du tubercule ainsi que les parties pourries de la racine.
Pour protéger la plante, saupoudrez la section à vif de la racine avec
du charbon activé que l'on trouve dans les animaleries. Ajoutez une
poignée de poudre d'os ou des coquilles d'œufs, ou enterrez près des
racines, trois ou quatre capsules nutritives pour plantes aquatiques
qui diffuseront les éléments nutritifs à action lente.

On dispose le nymphéa à rhizome en l'inclinant un peu de façon
que la couronne (partie de la plante d'où sortent les tiges) soit au
sommet et le plus loin possible du bord du panier pour lui ménager
l'espace nécessaire à son développement. Prenez soin de laisser la
couronne des nymphéas bien dégagée. Recouvrez le plant de 5 cm à
8 cm de terre, puis de gravier pour empêcher les carpes de s'attaquer
aux jeunes pousses et l'eau de se brouiller au moment de déposer le
panier dans le jardin aquatique. Imbibez la terre d'eau en la pressant
dans le panier. Sinon, une fois la plante installée, l'air contenu dans le
substrat risque de soulever la racine hors du panier. Pour les plantes à
tubercule — entre autres certaines variétés de nymphéas —, suivez la
même méthode en plaçant toutefois le tubercule au centre du panier.

La plantation en panier du lotus exige certaines précautions, car il
a un rhizome en forme de banane qui est très fragile. Réservez-lui un
panier rond d'un diamètre d'au moins 40 cm à 50 cm et déjà garni
d'une première couche de terre. Ajoutez ensuite une couche de 5 cm
à 8 cm de sable dans lequel vous creuserez un léger sillon qui épou-
sera la courbure du rhizome. Le lotus doit pouvoir se développer sans

En début de saison ou pour des plantes nouvelles, déposer les paniers sous quelques centimètres d'eau

toucher la paroi du panier sinon il risque de pourrir. C'est pour cette raison qu'on le place dans un panier rond. Le rhizome est ensuite déposé à plat dans le sillon tracé. Il faut surélever légèrement l'extrémité d'où partent les pétioles. Terminez en recouvrant la racine de 2,5 cm de terreau, sans tasser celui-ci pour ne pas briser le rhizome. Recouvrez ensuite le terreau de gravier

Ne vous inquiétez pas de voir dépérir les feuilles déjà développées. D'autres les remplaceront assez rapidement. Placez les nymphéas et les lotus dans la pièce d'eau en les disposant sur les paliers ou sur des blocs de béton pour que la couronne soit immergée de quelques centimètres. Les plantes jouissent ainsi de plus d'ensoleillement pour leur développement initial. Par la suite, lorsque quelques feuilles se seront déployées, installez le ou les paniers à la profondeur voulue. Les pédoncules ou tiges des nymphéas et lotus s'allongeront alors pour s'adapter à cette nouvelle profondeur. Suivez le même processus pour les autres végétaux aquatiques.

La plantation en pleine terre

Cette autre méthode présuppose que l'on ait déjà le substrat décrit précédemment. Pour éviter de troubler l'eau d'un jardin aquatique relativement profond, recourez au préplantage. Pour ce faire, taillez un morceau de jute de dimension appropriée. Garnissez le centre de terre. Jetez-y en pluie une poignée de poudre d'os ou des coquilles d'œufs, ou introduisez près des racines trois ou quatre capsules nutritives. Installez-y ensuite la plante. Couvrez les racines avec un peu de terre.

Saisissez les bords du petit sac de jute et laissez-le glisser lentement dans le jardin aquatique au-dessus de l'emplacement voulu. Au fond, le sac s'entrouvrira quelque peu en dégageant la couronne de la plante. Le jute, en se décomposant, permettra à la plante de prendre racine.

Si vous avez aménagé une section semblable à celle de la figure 13 et qu'elle ne comporte pas encore de terre, une adaptation de la méthode précédente vous sera utile. Remplissez des sacs de jute avec de la terre et déposez-les lentement dans la cavité. Attendez qu'ils se soient imbibés d'eau, puis découpez sur le dessus des ouvertures où vous placerez les plantes.

Si vous possédez des bottes de pêche, pénétrez à l'intérieur du jardin aquatique et déposez la plante directement dans le substrat. Faites de petits sacs de jute dans lesquels vous placerez les éléments nutritifs mentionnés plus haut, puis enterrez-les près de la plante. L'eau sera troublée par ce va-et-vient, mais redeviendra limpide après quelques heures.

Les autres méthodes

Les plantes immergées tels l'élodée, le myriophylle ou le cératophylle sont simplement réunies en petits paquets dont la base est attachée par un fil de plomb, puis lancés dans le jardin aquatique. Elles prendront racine dans la légère couche de sédiment du fond ou s'accrocheront au géotextile qui recouvre la membrane de CPV. Les plantes flottantes comme les jacinthes et laitues d'eau ou les fougères aquatiques et les lentilles d'eau, sont simplement déposées à la surface du jardin aquatique. La brise, en les déplaçant continuellement, leur permet de jouer leur rôle de filtre et d'oxygénateur sur toute la surface du plan d'eau. Évitez de les déplacer inutilement; les sédiments qui s'accrochent progressivement aux radicelles se détacheraient et rendraient l'eau trouble.

La plantation en ruisseau soulève quelques difficultés lorsque la terre est trop légère, car celle-ci risque d'être emportée si le courant est relativement fort. Utilisez de préférence une terre argileuse et protégez le substrat contre l'érosion par des pierres.

La plantation de fleurs et d'arbustes en bordure de la pièce d'eau suit les mêmes règles que celles de l'horticulture classique. N'utilisez pas de fertilisants chimiques. Ces substances peuvent, à l'occasion d'une averse, s'infiltrer dans le jardin aquatique et contaminer les poissons. Sachez aussi que la végétation qui pousse sur le pourtour du jardin aquatique sert de brise-vent et crée un microclimat propice à la floraison des nymphéas.

LES POISSONS

L'ACQUISITION DES POISSONS

VOICI quelques conseils qui vous guideront dans la dernière étape de votre projet. Choisir des poissons est simple, même pour un novice. Si vous n'avez jamais possédé d'aquarium, commencez par des poissons de peu de valeur comme les poissons rouges communs ou les Comets. Compte tenu de leur coût très bas, vos essais ou tâtonnements n'auront pas de conséquences graves si vous les perdez. Par la suite, vous pourrez vous risquer à acquérir des espèces plus rares et des spécimens de plus grande taille.

Un poisson en bonne santé manifeste de l'activité. Ses mouvements sont vifs et assurés. La présence de poissons morts flottant à la surface de l'aquarium ou de poissons dont les nageoires dorsales ne sont pas bien dressées laisse présumer l'existence de problèmes graves. Il en est de même pour les poissons qui frottent leurs flancs sur les parois ou le fond de l'aquarium. Procurez-vous des poissons dans une autre animalerie ou attendez que la vôtre ait renouvelé son stock.

Rappelez-vous que dans un jardin aquatique, les poissons se voient d'en haut. En conséquence, les couleurs et motifs latéraux, si beaux soient-ils, ne doivent pas être le principal critère de sélection.

Les poissons rouges

Sans contredit, le poisson d'aquarium le plus vendu au monde, le poisson rouge (*Cyprinus auratus*), est omnivore et résulte des mutations naturelles de la carpe crucienne (*Carassius gibelio*) dont on retrace la présence en Chine quelque 1000 ans avant notre ère. Importés au Japon au XVIe siècle, les poissons rouges, réservés à la royauté et aux nobles jusqu'au début du XIXe siècle, se retrouvent en Amérique du Nord vers la fin de ce siècle. Les variétés offertes aujourd'hui sur le marché sont tellement différentes par la couleur, la forme, les nageoires et les yeux qu'elles n'ont plus rien de commun avec l'idée qu'on se fait d'un poisson rouge. Leur taille dépasse rarement 20 cm. Précisons enfin que la forme et les couleurs de certains types de poissons rouges se modifient au fur et à mesure de la croissance pour

LES PRINCIPALES VARIÉTÉS DE POISSONS ROUGES

Black-Moor : Ce poisson dont le corps est trapu est d'un noir profond et velouté. Il possède une nageoire caudale double. Les yeux sont saillants. Il doit obligatoirement hiverner en aquarium.

Bubble-eye : Cette variété a les yeux saillants, dirigés vers le haut et presque entièrement entourés d'une fragile membrane ballonnée. Le tronc est compact sans être trapu. Il doit hiverner en aquarium.

Calico : Souvent brocardé de rouge, noir et bleu, le Calico a le tronc compact et trapu. Sa nageoire caudale est courte et simple. Il doit hiverner en aquarium.

Calico fantail : Croisement de Calico qui possède la nageoire caudale double du Fantail. Il doit hiverner en aquarium.

Calico Oranda : Cette variété réunit les particularités du Calico et de l'Oranda. La coloration bleue est présente chez cette variété.

Céleste : Le Céleste possède les caractéristiques du Bubble-eye sans en avoir la membrane ballonnée. Il n'a pas de nageoire dorsale et doit hiverner en aquarium.

Comet : Le Comet, de couleur rouge-orange à rouge, a un tronc et une nageoire caudale allongés. Cette dernière est simple. Variété qui hiverne très facilement sous la glace.

Fantail : Souvent nommé Ryukin, le Fantail possède une nageoire caudale double très allongée et transparente. Son tronc est court et trapu. Il doit hiverner en aquarium.

Lionhead : Cette variété trapue se singularise par l'absence de nageoire dorsale et un capuchon de tissu cuticulaire sur le dessus et le côté de la tête. Il doit hiverner en aquarium.

Oranda : L'Oranda a un tronc légèrement plus long que le Fantail et le Lionhead. La présence de tissu cuticulaire sur le dessus de la tête et d'une nageoire dorsale le différencie du Lionhead. Il doit hiverner en aquarium.

Redcap : Cette variété n'a pas de nageoire dorsale. Le dessus de la tête révèle une tache rouge. Il doit hiverner en aquarium.

Shubunkin : Une variété japonaise dont la zone dorsale bleue est parsemée de noir et d'orange. La nageoire caudale est allongée, haute et simple. Il hiverne très bien sous la glace. Un croisement dit Bristol arbore une zone dorsale surtout orange et une nageoire caudale à filaments noirs.

enfin se stabiliser à l'âge adulte. Il faut donc être prudent au moment de l'achat si l'on veut éviter les surprises.

La plupart des animaleries vendent des poissons rouges communs qui hivernent sans difficulté sous la glace et elles offrent diverses autres espèces qu'il sera nécessaire de placer en aquarium ou en bac dès le mois de septembre.

Les carpes japonaises

Descendant très probablement de la carpe crucienne (*Carassius gibelo*) et de la carpe commune (*Cypinius carpio*), les carpes japonaises ou *Nisiki Goi* (carpe brocardée), sont mieux connues sous le nom de Kois. Bien qu'elles soient originaires de Chine, on attribue principalement aux Japonais la majeure partie des travaux de sélection et de croisement qui ont produit les variétés actuelles. Poissons essentiellement végétariens, mais qui s'alimentent de larves, les Kois aiment bien brasser le fond de l'eau pour y trouver de la nourriture, ce qui peut parfois l'embrouiller. Les carpes sont généralement placides et n'incommodent pas les autres poissons. Dociles, elles s'habituent rapidement à la présence des humains au point de venir prendre la nourriture directement au bout des doigts. Elles peuvent facilement atteindre 60 cm dans les grandes étendues d'eau. Offertes dans un grand choix de couleurs, les variétés de carpes sont néanmoins regroupées selon l'arrangement des couleurs. Contrairement aux poissons rouges, toutes les carpes résistent bien au froid intense.

La gamme de leurs couleurs est plus étendue que celle des poissons rouges. On les classe d'après la couleur, la forme et l'emplacement des taches. Celles dont les taches sont constituées d'écailles opaques à reflets métalliques ont leur nom complété par la mention « gin » ou « kin » (qui signifie argenté et doré en japonais). Lorsque ces écailles sont larges et apparentes sur le flanc, on les qualifie de « doitsu ». On doit reconnaître que cette classification laisse beaucoup de latitude aux spécialistes. La forme d'une tache ne doit pas forcément être identique au « standard » recherché.

Choisissez les carpes japonaises selon le critère de l'uniformité de couleur d'une tache. Par exemple, si une tache est rouge, cette couleur doit être unie et ne pas présenter de dégradés.

Il est très difficile de trouver les carpes japonaises sous leur nom de variété dans les animaleries. Il existe peu d'éleveurs qui se spécialisent dans certaines variétés. Au contraire, ils optent davantage pour des élevages non spécifiques. Si nécessaire, fournissez, en plus du nom de la variété, la description proposée dans le tableau de la

LES PRINCIPALES VARIÉTÉS DE CARPES JAPONAISES

Aka Bekko : Variété rouge possédant une tache sur le dessus de la tête dont la forme s'inspire de celle d'une tortue (Bekko).

Aka Muji : Variété qui, à l'inverse du Shiro Muji, a une peau orange foncé à rouge (Aka).

Asaki : Variété à reflets bleus (Asaki) sur le dos et motifs dont les couleurs se croisent.

Butterfly : Variété allemande en vente depuis quelques années, elle se distingue des autres par ses nageoires latérales très allongées.

Hi-Utsuri : Variété noire à taches rouges (Hi).

Ki Goi : Variété jaune (Ki).

Ki-Utsuri : Variété noire à taches jaunes.

Kohaku : Variété à taches rouges (Ko) sur fond de couleur blanche (Haku). On accorde une plus grande valeur esthétique au Kohaku dont les taches sont alignées sur le dos comme les pas japonais.

Ogon : Variété recouverte d'écailles dorées.

Shiro Bekko : Variété de Shiro à tache sur le dessus de la tête dont la forme s'inspire de celle d'une tortue (Bekko).

Shiro Muji : Variété peu prisée au Japon, mais néanmoins superbe avec une peau blanche (Shiro) parsemée d'écailles opaques de couleur perle.

Shiro Utsuri : Variété inversant les couleurs du Shiro Bekko, c'est-à-dire des taches blanches sur un fond noir. La caractéristique Utsuri (couleurs changeantes) correspond à une alternance d'écailles opaques et transparentes dont le motif rappelle celui d'une pomme de pin.

Shusui : Variété à écailles argentées sur dos bleu et ventre rouge.

Taisho-Sanshoku : Variété de Kohaku aussi connue sous le nom de Taisho-Sanke, nommée ainsi en l'honneur de l'empereur japonais Taisho. Elle présente des taches noires sur le dos ainsi que deux autres couleurs (Sanshoku et Sanke signifient trois couleurs).

Tancho-Kohaku : Variété de Kohaku à tache rouge arrondie localisée sur le dessus de la tête et représentant une grue (Tancho Zuru).

page précédente. Ce dernier vous indiquera tout au moins la variété qui se rapproche le plus des spécimens que vous voulez acheter.

L'INTRODUCTION DES POISSONS

L'introduction des poissons dans un nouveau jardin aquatique ou leur transfert au printemps du bac d'hivernage vers l'habitat extérieur suit généralement trois règles :

1. Attendre la reprise de la vie végétale avant de transférer les poissons dans la pièce d'eau.

2. Ne pas surpeupler le jardin aquatique.

3. N'introduire les poissons que par petits groupes.

Ces trois règles conditionnent l'acquisition et le maintien de l'équilibre biologique en milieu aquatique.

Attendre la reprise de la vie végétale

Une fois la phase de plantation complétée, il faut laisser la végétation s'établir quelque peu avant d'introduire des poissons dans le jardin aquatique. Cela est d'autant plus important si les poissons que vous voulez acquérir sont de taille relativement grande. En effet, certains propriétaires néophytes s'empressent de surpeupler leur pièce d'eau de gros poissons. Ils s'étonnent par la suite de constater que certaines plantes qui sont réputées se développer rapidement semblent, au contraire, disparaître au profit des algues. L'habitat aquatique que vous créez a également une limite quant à la capacité de produire des insectes dont se nourrissent les poissons. À moins de fournir une quantité importante de suppléments alimentaires sous forme de granules flottants, vos poissons iront tout naturellement dévorer les jeunes pousses des plantes aquatiques. Dans certains cas, il faudra protéger les nymphéas et les lotus contre les carpes de très grande taille en entourant les paniers d'un filet muni de flotteurs. Cet accessoire est ordinairement vendu chez les fournisseurs de plantes aquatiques. Deux à trois semaines suffisent habituellement aux plantes aquatiques pour se réadapter au milieu et produire un feuillage dense.

Ne pas surpeupler le nouvel habitat

Plus il y a de poissons dans un volume d'eau donné, plus leur croissance est ralentie, quand elle n'est tout simplement pas interrompue. Par ailleurs, les poissons entrent en rivalité avec les plantes pour l'oxygène. Un trop grand nombre de poissons affectera donc la photosynthèse, c'est-à-dire le processus par lequel la chlorophylle des plantes

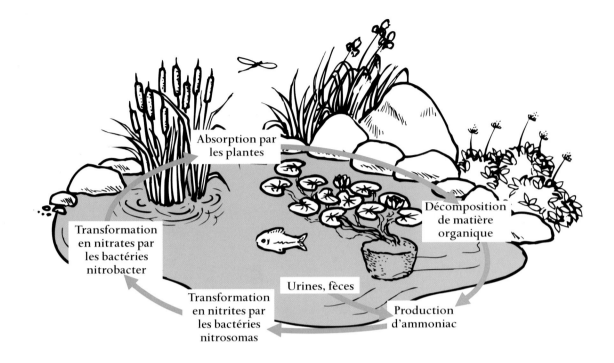

Absorption par
les plantes

Décomposition
de matière
organique

Transformation
en nitrates par
les bactéries
nitrobacter

Urines, fèces

Transformation
en nitrites par
les bactéries
nitrosomas

Production
d'ammoniac

Figure 50
Cycle de l'azote

transforme le dioxyde de carbone et l'oxygène en sucres nécessaires aux plantes. Le développement de la végétation sera également perturbé. Une limite maximale reconnue de 5 cm de poisson par 0,279 m² de surface libre d'eau doit donc être respectée. À ce taux, on doit s'attendre à ce que la croissance des poissons soit ralentie. Certains parviennent à conserver plus de poissons que le nombre suggéré par cette formule en augmentant le renouvellement d'oxygène à l'aide de filtres jumelés à des pompes à fort débit ou de bassins de filtration dont la dimension peut atteindre le tiers du plan d'eau principal.

LA FORMULE DE CALCUL DU NOMBRE MAXIMAL DE POISSONS

Long. max. de poissons = (Surface d'eau libre en m² /0,279 m²) x 5 cm

Exemple : pour un jardin aquatique d'une superficie de 9 m² en eau libre, on ne peut dépasser 161 cm en longueur de poissons.

Introduire les poissons par petits groupes

Les plantes sont la base de l'équilibre biologique de votre jardin aquatique; il faut donc qu'elles s'intègrent au cycle de l'azote. Ce cycle consiste en une série d'étapes au cours desquelles les éléments toxiques sont transformés en substances assimilables par le milieu (voir figure 50). Les Nitrosomonas, bactéries qui transforment les ammoniaques (NH_3 / NH_4) en nitrites (NO_2) se chargent de cette première étape. D'autres, tels les Nitrobacter, changent les nitrites en nitrates (NO_3^-), qui sont intégrés aux protéines des plantes. Un jardin aquatique jeune ne renferme pas suffisamment de bactéries pour assimiler à la fois les ammoniaques et les nitrites produits par les poissons nouvellement introduits et la matière organique provenant des plantes. Il faut laisser aux bactéries suffisamment de temps pour se multiplier ce qui s'effectue en fonction de l'apparition progressive d'éléments polluants. Si vous introduisez trop rapidement un grand nombre de poissons, ils risquent de mourir intoxiqués, faute de bactéries pour absorber les résidus de leurs déchets.

Si les poissons proviennent d'une animalerie, ne les transférez pas immédiatement de leur sac dans le jardin aquatique. En effet, les poissons sont très sensibles aux variations de température. Comme la température de l'eau du sac et celle du jardin aquatique ne sont pas les mêmes, il faut d'abord les égaliser. Déposez le sac, sans l'ouvrir, sur le bord de l'eau dans une partie ombragée et attendez une vingtaine de minutes avant de les transférer dans la pièce d'eau. Ne vous étonnez pas de les voir se cacher au plus vite. Ils réapparaîtront bien assez vite lorsque vous leur servirez la nourriture en granules.

Certaines personnes préfèrent placer de nouveaux poissons en quarantaine dans un bac ou un aquarium avant de les installer dans un jardin aquatique qui renferme déjà d'autres poissons. C'est une mesure sage, surtout si les poissons proviennent d'une animalerie que l'on ne connaît pas. Si d'aventure les poissons étaient malades et mouraient, du moins ils n'auraient pas contaminé ceux du jardin aquatique.

III

L'ENTRETIEN D'UN JARDIN AQUATIQUE

Tout jardinier amateur sait qu'il doit prodiguer des soins réguliers aux plantes, les arroser périodiquement, désherber, éliminer les insectes nuisibles, fertiliser le sol, etc. Sans doute croyez-vous qu'un jardin aquatique est aussi exigeant, peut-être même davantage à cause de la présence de poissons. En réalité, c'est plutôt le contraire. D'abord, pas d'arrosage ni de sarclage. Pour la plupart, les insectes nuisibles sont l'affaire des poissons. Bref, si vous n'avez pas le pouce vert, mais que l'horticulture vous intéresse particulièrement, un jardin aquatique est la solution idéale. Il reste que vous devrez accomplir quelques tâches qui n'ont rien de fastidieux.

Chaque saison a son quota de travail. En présumant que la construction du jardin aquatique s'est achevée au début de l'été nous vous décrivons les différentes phases des travaux en les débutant en été et en bouclant l'année horticole avec la saison printanière.

L'ENTRETIEN DES PLANTES

S I vous avez bien suivi nos directives sur la construction et la plantation, la floraison devrait suivre assez rapidement. Si le feuillage des plantes à feuilles flottantes est trop abondant, ne laissez que trois ou quatre feuilles de manière à forcer la floraison. Si aucune fleur n'est apparue après un mois, malgré la taille du feuillage, réclamez du fournisseur qu'il les remplace par d'autres. Ces spécimens sont probablement trop faibles ou trop jeunes pour pouvoir fleurir. Il est inutile, dans ce cas, d'attendre avant de reprendre la plantation. Plusieurs firmes exigeront, en retour, qu'on leur rapporte la plante et la preuve d'achat. Cette requête est tout à fait légitime.

LES TRAVAUX D'ÉTÉ

Le début de la végétation

Si l'été se révèle anormalement frais et nuageux, le lotus risque de tomber en dormance. Le développement des feuilles est ralenti, puis interrompu complètement. Rehaussez la plante à quelques centimètres sous la surface de l'eau pour qu'elle profite du maximum de chaleur et d'ensoleillement possible. La reprise, bien que lente, devrait avoir lieu au bout d'une semaine. Si le lotus a été placé dans une zone plus froide que la zone 5, cette période de dormance a tendance à se maintenir pour le reste de la saison, malgré les microclimats artificiels que l'on peut créer avec des plantes-abris de bordure.

Profitez de vos promenades pour prendre des notes sur les diverses espèces que vous avez plantées. Vous pourrez ainsi comparer d'une année à l'autre vos observations et déceler les facteurs qui ont entraîné le ralentissement ou l'accélération du développement des plantes.

Si vous avez cherché à créer des microclimats par l'intermédiaire de plantes-abris, voyez si elles ont eu une influence bénéfique et, si nécessaire, relocalisez-les. Observez également les couloirs de vents et les zones d'ensoleillement pour évaluer leur effet sur le jardin aquatique. Si certaines plantes de bordure se sont développées de façon exagérée au point de camoufler des pierres ou des ornements, déplacez-les. Faites preuve d'initiative, car les plus beaux jardins conçus et entretenus par les meilleurs jardiniers sont bien plus le résultat d'observations, d'essais et d'erreurs que d'une planification établie sur papier.

La multiplication

La multiplication de plusieurs plantes aquatiques s'effectue directement à partir des graines de l'année sans devoir attendre le printemps suivant. C'est notamment le cas des nymphéas. Après la période de floraison, la fleur séjourne quelques jours sous l'eau, puis elle remonte à la surface. Transférez immédiatement l'amas de graines sans enlever le mucus protecteur dans un plateau rempli d'un substrat de terre brune et recouvrez le tout d'une mince couche de terre. Installez ce plateau dans un récipient où vous ajouterez de l'eau avec précaution pour couvrir la terre. Placez le tout sur le bord d'une fenêtre ensoleillée. Les graines germeront après trois semaines environ. Les plantules sont très fragiles à ce stade. Repiquez-les dans un autre récipient d'eau dès que les feuilles flottantes ont commencé à apparaître. Éliminez toute forme d'algues pour qu'elles n'étouffent pas les plantules et attendez quelques mois, sinon la fin de la saison, avant de les transplanter dans de petits paniers.

Soulignons que plusieurs nymphéas tropicaux se singularisent par une multiplication végétative réalisée sur les feuilles. Les plantes qui possèdent cette caractéristique sont dites vivipares. Pour obtenir un plantule, incisez les nervures sous la feuille et déposez cette dernière sur un substrat humide. Au bout de deux à trois semaines, la feuille produira un ou deux plantules que l'on traite de la même manière que pour la multiplication par semis.

La propagation de la plupart des plantes aquatiques peut aussi s'effectuer par division de la souche ou du rhizome. Généralement, la division s'effectue au printemps ou à l'automne. Référez-vous aux renseignements fournis à la page 141 (répertoire des plantes) afin de connaître les périodes où il faut faire la division.

La lutte contre les algues

Organismes unicellulaires ou pluricellulaires, les algues existent dans tout habitat aquatique. Les spores minuscules se développent à la suite de l'action isolée ou combinée de deux facteurs : la lumière et la matière organique en décomposition. Il ne faut donc pas espérer les détruire, mais plutôt en surveiller le développement. Le feuillage flottant de plusieurs plantes s'attaquera au premier facteur cité plus haut et diverses bactéries au second. N'utilisez en aucun cas des substances chimiques qui ont un effet nocif sur les plantes et les poissons. Au surplus, vous supprimeriez temporairement les symptômes, mais non les causes. Si leur présence vous incommode, vous pouvez les retirer avec vos mains.

On peut freiner leur prolifération en accélérant le développement de bactéries au moyen d'enzymes ou de concentrés de bactéries spécialement conçus pour les jardins aquatiques. Ils ne renferment aucun élément chimique et on les ajoute au début de la saison seulement. Leur effet est habituellement assez rapide. En quelques jours, vous pourrez constater une diminution significative d'algues.

La lutte contre les escargots et les limaces

Plusieurs horticulteurs ont recours aux escargots pour combattre l'envahissement de la pièce d'eau par les algues. Ils s'alimentent de déchets organiques de plantes ou de granules de poissons et, ce faisant, font concurrence aux algues. Certaines espèces comme le *Limnea stagnalis* ne se contentent pas seulement de résidus organiques et grignotent les feuilles des nymphéas. Le *Limnea stagnalis* a un coquillage qui s'enroule en forme de pointe. Lorsqu'il a colonisé un jardin aquatique, on l'en déloge très difficilement. Par ailleurs, le *Planorbis corneus* ne s'attaque pas au feuillage des plantes. Il est facilement identifiable par son coquillage de couleur crème qui s'enroule comme la corne de certains béliers.

Les limaces n'endommagent pas les plantes aquatiques placées au milieu de l'eau. Cependant, celles qui se trouvent en bordure et qu'ils peuvent atteindre par les pierres ou les divers ornements du jardin sont aussi vulnérables que les plantes de milieu humide d'un jardin de pleine terre. Les limaces raffolent du feuillage de certaines sagittaires. Pour vous en débarrasser, fabriquez un piège en utilisant un bocal peu profond, rempli de bière, dont le bord est au niveau du sol. Retirez les limaces noyées et remplacez la bière. Nous pouvons également vous servir de coquilles d'œufs broyées qui blesseront les limaces. Pour les raisons mentionnées plus haut, n'employez aucun pesticide de nature chimique.

La lutte contre les insectes

Les jardins aquatiques, par définition, constituent un milieu idéal pour les insectes. Libellules, moustiques et coccinelles, pour ne nommer que ceux-là, déposent leur œufs sur les pierres, les branches d'arbustes, les tiges ou même directement dans l'eau. Plusieurs insectes, les libellules notamment, sont eux-mêmes des prédateurs. D'autres, comme certaines espèces de coléoptères aquatiques qui vivent au fond de l'eau, se nourrissent de résidus de plantes.

Il ne faut donc pas croire que votre propriété fourmillera de bestioles au point de regretter d'y avoir installé un pièce d'eau. Au contraire, les plantes aquatiques sont mieux protégées que celles d'un jardin ordinaire. Les poissons, perpétuellement en quête de nourriture, détectent rapidement la présence de larves ou de nymphes. Dans les sections très peu profondes de type marais où se trouvent des plantes émergées, la situation diffère quelque peu. À moins que les poissons ne soient de très petite taille, ils ne peuvent y circuler à l'aise et limiter la population d'insectes. Les oiseaux qui viennent régulièrement se rafraîchir au bord de l'eau contribuent également à réduire la proportion d'insectes.

Il reste que certains insectes risquent d'endommager les plantes, entre autres les pucerons, une variété particulière de coccinelle aquatique ainsi que certaines mites. Sans mettre en péril la survie de la plante, ils l'affaiblissent et diminuent sa capacité à produire des fleurs. Les symptômes et traitements apparaissent à la page suivante.

La lutte contre les maladies

Les plantes aquatiques sont rarement atteintes par des maladies. Une fois placées dans leur habitat naturel, elles acquièrent une bonne résistance aux bactéries et virus. Les nymphéas sont parfois victimes d'une complication peu visible, la pourriture bactérienne de la couronne. Cette maladie se traduit par des feuilles qui ne parviennent plus à maturité et ne sont pas remplacées. Un examen du rhizome révèle une couronne noircie et molle, dégageant une odeur de pourriture. La plante doit être détruite pour éviter que cette affection ne se propage aux autres.

La fertilisation

La plupart des plantes aquatiques n'ont pas besoin de fertilisation additionnelle au cours de l'été. Les nymphéas et les lotus auront une floraison accrue si l'on introduit des capsules fertilisantes près des racines à quelques reprises au cours de l'été. Il ne faut pas confondre ces capsules spécialement conçues pour les plantes aquatiques avec les capsules fertilisantes dont on se sert avec les systèmes d'arrosage. Si vous ne parvenez pas à accéder facilement aux plantes parce

Pucerons : De la famille des Homoptères, les pucerons s'attaquent aux plantes cultivées, aux arbres fruitiers dont ils extraient le suc. Ils leur transmettent également plusieurs maladies. Certaines espèces endommagent également les nymphéas, sagittaires, nényanthes, nuphar et jacinthes d'eau. Le feuillage jaunit et la tige s'affaiblit au point de tomber. Quoique minuscules, les pucerons sont visibles à l'œil nu le long des tiges et sous les feuilles des jacinthes d'eau. Si le jardin ne renferme ni poissons ni tortues ni grenouilles, un traitement au savon à la nicotine sera efficace dans la mesure où vous le répéterez deux à trois fois de manière à interrompre le cycle de reproduction. Autrement, des arrosages répétés à l'eau sous pression projetteront les pucerons dans l'eau où ils seront la proie de la faune aquatique. Enfin, on peut également maintenir le feuillage des plantes sous l'eau pendant une heure et forcer ainsi les pucerons à quitter les plantes au grand plaisir des poissons.

Coccinelles : De l'ordre des Coléoptères, l'espèce *Galerucella nymphæaceae* est une coccinelle brune reconnaissable par la présence de trois points noirs sur le dos. Les œufs jaune doré sont déposés en grappes sur la feuille des nymphéas. À l'état larvaire, elles acquièrent une couleur noire et deviennent particulièrement dévastatrices. Des arrosages répétés suffisent à déloger les larves et les œufs des feuilles. Les poissons feront le reste. Comme ces coccinelles hivernent en bordure de l'eau, il est parfois nécessaire d'interrompre le cycle annuel en coupant à l'automne toute la végétation avoisinant le jardin aquatique. Ne confondez pas cette variété avec les autres coccinelles qui sont de grands prédateurs des pucerons.

Phyganes : De l'ordre des Trichoptères, ces insectes se retrouvent le long des lacs et cours d'eau. La femelle pond ses œufs en masse gélatineuse sous l'eau et sous le feuillage retombant des plantes aquatiques. Les larves se nourrissent de plantes aquatiques et d'algues, elles se cachent sous la végétation d'où il est très difficile de les déloger. On les élimine par l'introduction de poissons.

qu'elles sont trop éloignées du bord, installez une échelle d'aluminium à plat au-dessus du plan d'eau en l'allongeant un peu, au besoin, de façon à ce qu'elle soit appuyée de part et d'autre du jardin aquatique. Déposez par-dessus l'échelle une feuille de contreplaqué suffisamment large pour s'appuyer sur les montants de l'échelle. Vous venez d'improviser un ponton assez solide pour rejoindre facilement les plantes.

L'élimination des feuilles mortes

Bien que cela ne soit pas indispensable, vous pouvez recueillir, à l'aide d'une épuisette, les feuilles mortes qui flottent à la surface de l'eau. Vous contribuerez ainsi au maintien de l'équilibre biologique surtout si le jardin aquatique est de petite taille. Les épuisettes de piscine conviennent parfaitement. Vous pouvez aussi vous servir d'une pince à bras allongée conçue spécialement pour saisir la tige des feuilles mortes des nymphéas, des lotus et des autres plantes immergées. Cet outil, commercialisé depuis quelques années, comporte parfois des ciseaux qui permettent de couper les tiges plus rebelles.

LES TRAVAUX D'AUTOMNE

Les avertissements de risque de gel au sol diffusés localement par les stations de radio et de télévision sont le signe déclencheur des travaux d'hivernage. Tenez-en compte surtout si vous avez introduit des plantes tropicales dans le jardin aquatique. Vous constaterez vite que si vous attendez trop longtemps avant d'entreprendre ces travaux, l'eau froide vous incommodera très certainement. Nous vous recommandons de restreindre l'accès au jardin aquatique en installant une clôture à neige dès que tous les travaux automnaux sont achevés. Vous préviendrez ainsi tout accident déplorable causé par la présence d'enfants ou de membres des différents services de travaux publics à proximité de la pièce d'eau.

Les plantes tropicales

Les papyrus, taros, colocassia, canna et autres plantes tropicales ou semi-rustiques se convertissent très facilement en plantes d'intérieur. Placez les paniers dans des récipients étanches et ajoutez de l'eau jusqu'à la base de la tige.

Les jacinthes d'eau et les laitues d'eau, considérées comme des annuelles, seront simplement jetées. Le coût que vous aurez à défrayer pour leur hivernage dépasse largement celui de leur remplacement l'année suivante. Si vous tenez à les conserver, placez-les dans un bac ou un aquarium en maintenant la température de l'eau à un niveau minimal de 18°C à l'aide d'un chauffe-eau. Elles auront également besoin d'un éclairage artificiel pour plantes pendant 10 à 12 heures par jour.

Placez les autres plantes aquatiques tropicales ou celles dont la rusticité correspond à une zone supérieure à la vôtre dans des bacs de sable humide, puis entreposez-les dans une pièce froide et non éclairée. Enlevez les tubercules des nymphéas tropicaux du panier et ne conservez que la repousse accrochée au tubercule mère. Si toutefois cela vous intéresse, ces nymphéas peuvent être maintenus en vie au cours de l'hiver si vous les conservez dans des récipients étanches où l'eau demeure à une température de 20°C. Comme l'éclairage au néon ne suffit pas, une lampe à vapeur de sodium (SHP) ou son équivalent devra donc être installée.

Les plantes rustiques

Les plantes rustiques ont besoin d'une période de dormance. À la fin de l'été, la phase de développement végétatif, d'abord au ralenti, cesse faute de lumière et de chaleur suffisantes. On peut évidemment la reproduire en recréant artificiellement des conditions estivales de température et de lumière. Vous constaterez cependant que cette pratique entraînera, l'été suivant, un affaiblissement manifeste de la plante qui ira jusqu'à l'absence de floraison.

Attendez l'arrêt total du développement végétatif avant de rabattre le feuillage des plantes de bordure pour vous en servir comme protection hivernale. Débarrassez les plantes dressées de leurs feuilles mortes pour minimiser les inconvénients causés au printemps suivant par la présence d'une trop grande quantité de déchets organiques dans le jardin aquatique. C'est également le moment de procéder à la propagation des plantes qui requièrent une division automnale.

De façon générale, l'hivernage des plantes aquatiques se fait de trois façon : l'abaissement des paniers au fond du jardin aquatique, l'entreposage des plantes ou leur enfouissement dans le sol.

Si le jardin comporte une zone d'une profondeur d'au moins 60 cm, vous n'avez qu'à déposer les paniers au fond après avoir retiré les dernières tiges encore présentes. Si la profondeur est inférieure à 60 cm il est toujours possible d'y faire hiverner les plantes, mais on aura recours à une protection hivernale. Il suffit

Ce jardin aquatique est prêt pour l'hivernage. Il ne restera qu'à installer la colonne d'aération

de recouvrir la pièce d'eau avec soit le tissu dont vous vous servez pour protéger les arbres, une feuille de contreplaqué ou de polystyrène.

On peut également transférer les paniers dans des bacs d'eau installés dans une pièce où la température est légèrement supérieure au point de congélation. Pour économiser de l'espace, retirez les rhizomes des paniers et placez-les dans un récipient rempli de sable humide. Au cours de l'hiver, vérifiez de temps à autre si le sable est toujours humide et ajoutez de l'eau si nécessaire.

Certains prélèvent les racines, rhizomes ou tubercules des plantes aquatiques pour les enfouir à l'extérieur du jardin aquatique à une profondeur supérieure à celle du gel. Cette méthode risque de faire contaminer la plante aquatique par les bactéries présentes dans le site d'enfouissement et de compromettre leur survie.

L'hivernage de plusieurs plantes aquatiques au Québec est encore au stade expérimental dans les zones 4 et moins. De nombreux essais ont été effectués et tendent à démontrer la résistance de beaucoup de plantes aquatiques jusqu'en zone 3. Cependant, les conditions particulières sous lesquelles les essais ont été réalisés sont peu documentées. Certains font preuve d'ingéniosité en expérimentant des alternatives à l'hivernage des plantes dressées des zones 5a et 5b dans la zone 3b en transférant la plante dans un contenant que l'on place ensuite au fond du jardin aquatique. Un tel essai fut tenté au Lac-Saint-Jean avec l'*Orontium aquaticum*.

LES TRAVAUX DU PRINTEMPS

À moins que vous ne deviez effectuer une réparation de la membrane de CPV, un joint de ciment ou autre, il n'est pas souhaitable de vider l'eau d'un étang artificiel, ni même d'enlever le dépôt de sédiments qui se sont accumulés au fond. Vous supprimeriez un nombre important d'éléments, notamment les bactéries qui ont contribué à l'équilibre biologique du jardin. Enlevez tout au plus les feuilles non encore décomposées ainsi que les cailloux et les pierres qui auraient glissé au fond de l'eau. Après quelques années, une partie seulement des sédiments devra être ôtée. Le cas d'un bassin classique peu profond est un peu différent. En effet, ce type de jardin aquatique est souvent mis en valeur par un revêtement de couleur dont on rafraîchit l'éclat en le nettoyant.

Les plantes déposées en automne au fond du jardin aquatique mettent fin à leur période de dormance avec le réchauffement progressif de l'eau et l'allongement des journées. C'est le moment des semis, de la relocalisation des plantes, de leur division ou de leur remplacement. Surveillez donc la reprise de la végétation pour vous assurer que l'hivernage s'est bien effectué.

En avril et en mai, retirez les nymphéas de trois ans pour procéder à leur division. Vous noterez la présence de jeunes tubercules sur la plante mère. Prélevez-les à l'aide d'un couteau tranchant. Pour obtenir une cicatrisation exempte de bactéries nuisibles, frottez la plaie vive avec du charbon activé. Enlevez également de la plante mère toute section de racine qui révèle des signes de pourriture ainsi que la partie du rhizome opposée à la couronne. Mettez ensuite les plantes en panier suivant la méthode décrite plus haut.

Parfois des traces huileuses accompagnées d'odeurs désagréables se manifestent au printemps à la surface de l'eau. C'est le résultat de la décomposition des feuilles tombées dans l'eau au cours de l'automne, phénomène qui a été interrompu par l'action de l'eau froide au cours de l'hiver. Des feuilles de papier journal déposées quelque temps à la surface de l'eau absorberont ces huiles.

LES SOINS À DONNER AUX POISSONS

CHAPITRE 2

EN ÉTÉ

COMPARATIVEMENT à un aquarium, l'installation d'un jardin aquatique sur votre propriété crée un habitat aquatique qui a des avantages très intéressants sur le plan de l'alimentation des poissons. Même s'il ne s'agit que d'un milieu artificiel, la vie s'installe progressivement dans le jardin aquatique et devient, par le fait même, un réservoir d'aliments pour les poissons. Les micro-organismes, les insectes et les algues sont autant d'éléments qui constitueront la base alimentaire des poissons. Dans la mesure où le nombre de poissons est proportionnel à la dimension du plan d'eau, ces aliments seront d'un apport quotidien suffisant. Une absence d'une semaine ou deux ne causera aucun préjudice aux poissons.

L'alimentation

Un complément alimentaire régulier favorise toutefois une croissance plus rapide chez les poissons et demeure un bon moyen de les apprivoiser. Approvisionnez-les en granules alimentaires flottant au même endroit et aux mêmes heures. Commencez par deux distributions quotidiennes, l'une le matin et l'autre à la fin de la journée. Retirez toute portion non consommée après cinq minutes pour éviter de polluer l'eau. Pour que le vent ou la brise ne disperse pas les granules et pour forcer les poissons à s'habituer à votre présence, déposez les granules dans un anneau flottant. Par la suite, nourrissez-les en tenant les granules du bout des doigts. Lorsque les poissons sont apprivoisés, une seule distribution par jour est suffisante.

LA LUTTE CONTRE LES MALADIES ET PARASITES

Reconnus pour être résistants aux maladies, les poissons rouges et les carpes japonaises ne devraient pas vous occasionner de difficultés sérieuses. La plupart des affections envahissent plus facilement un poisson déjà affaibli par un milieu pollué, une blessure ou un parasite. Contrairement aux poissons d'aquarium chez qui les symptômes et lésions sont plus facilement détectés, les poissons de jardins aquatiques doivent faire l'objet de plus de vigilance. Souvent les maladies ne sont décelées qu'à un stade avancé et vous obligent parfois à recourir à des traitements chocs si toutefois ce n'est pas déjà trop tard.

De façon générale, nous conseillons de retirer les poissons malades du jardin aquatique pour éviter les risques de propagation. Mettez-les en quarantaine dans un bac ou un petit aquarium rempli d'eau du jardin aquatique et d'eau du robinet à laquelle vous ajouterez un produit spécial pour éliminer les chlores et chloramines. Ce produit est en vente dans les animaleries.

Les maladies et parasites des poissons de jardin aquatique

Les affections parasitaires

La plupart des parasites sont visibles à l'œil nu lorsqu'on observe le poisson de très près. Les lésions dues aux parasites entraînent souvent des affections fongiques ou bactériennes. On doit donc intervenir rapidement.

Symptômes	Causes possibles	Traitements
Le poisson se frotte les flancs contre les parois du jardin aquatique, saute hors de l'eau. Des inflammations rouges se manifestent. La surproduction de mucus ternit les couleurs.	*Ichthyophithfrius* : parasite protozoaire (Ich) formant des points blancs. *Argulus* : poux de forme ronde. *Leeneæ* : (Anchor worm) petit crustacé muni de crochets qui s'insère sous les écailles et dans la peau. *Costia, Trichodina, Chilodonella* : parasites protozoaires microscopiques.	Isoler le poisson et traitez-le au bleu de méthylène, au vert de malachite ou à la formaline. Complétez le traitement par sel non iodé pour désinfecter les plaies. Ces produits sont en vente dans les animaleries.

Les affections bactériennes

Souvent liées à la mauvaise qualité de l'eau, au stress subi par des poissons déplacés de leur milieu, aux blessures, ces troubles se manifestent plus fréquemment au cours du printemps.

Symptômes	Causes possibles	Traitements
Putréfaction des nageoires	*Aeromonas, Pseudomonas* : bactéries qui envahissent les carpes par suite d'un stress, de la mauvaise qualité de l'eau ou d'une blessure.	Vérifiez la qualité de l'eau et isolez les poissons atteints. Des produits antibactériens sont en vente dans les animaleries. Complétez le traitement par un sel non iodé pour désinfecter les plaies.
Putréfaction de la bouche	*Flexibacter* : bactéries présentes dans l'eau trop chaude contenant beaucoup de matière organique.	Même traitement que pour les affections parasitaires.
Écailles dressées sur tout le corps, gonflement du corps.	Cette affection qu'on désigne par de l'hydropisie peut provenir de plusieurs causes dont les bactéries, les déficiences génétiques, les variations importantes de la température de l'eau. Le poisson meurt généralement après quelques jours.	Certains spécialistes recommandent l'acide oxolinique à très faible dose : 5 mg par kg de nourriture.

Les affections fongiques

Ces troubles accompagnent généralement les affections parasitaires et bactériennes qui se développent dans un milieu aquatique de qualité médiocre. Ils aggravent donc l'état d'affaiblissement du poisson.

Symptômes	Causes possibles	Traitements
La peau est caractérisée par des zones de mousse blanche. Le poisson consomme moins d'aliments, se déplace lentement et se rapproche des points d'arrivée d'eau pour mieux s'oxygéner.	*Saprolegnia, Branchiomyces* : bactéries généralement présentes dans l'eau, mais actives sur des lésions causées par d'autres troubles.	Isoler le poisson et traitez-le à l'aide des produits conçus à cette fin. Désinfectez les plaies à l'aide de sel non iodé. Vérifiez la qualité de l'eau.

LA REPRODUCTION DES POISSONS

Les poissons rouges et les carpes se reproduisent au printemps lorsque la température de l'eau se rapproche de 20°C. Si la reproduction des poissons rouges est très facile, celle des carpes japonaises requiert une zone profonde de 1,3 m à 2 m. Les femelles deviennent plus faciles à distinguer que les mâles : leur ventre est gonflé d'œufs qu'elles déposeront sur l'élodée, le myriophylle, le cératophylle ainsi que sur les algues. Le mâle qui l'accompagne les couvre ensuite de sa semence. Si on désire voir les œufs éclore, il est préférable de les transférer dans un petit aquarium qui servira d'incubateur tout en les protégeant de la voracité des poissons adultes. Les yeux deviennent apparents dès le deuxième ou troisième jour et l'éclosion aura lieu quelques jours après. Malgré le nombre élevé d'alevins, très peu survivent jusqu'à l'âge adulte. Donnez-leur de la nourriture pour alevins pendant les premiers mois. Par la suite, remplacez-la par des granules proportionnels à leur taille, quoiqu'ils parviennent souvent à happer les granules dont s'alimentent les adultes.

LES ANIMAUX PRÉDATEURS

Les martins-pêcheurs, goélands, ratons-laveurs et parfois les hérons comptent parmi les prédateurs qui visitent les jardins aquatiques le plus fréquemment. À moins d'opérer une surveillance continuelle ou de recouvrir le jardin aquatique d'un filet protecteur, il vous faudra tolérer leur présence. Vous constaterez également la présence accrue d'oiseaux sur le pourtour du jardin aquatique. Sans être un danger pour le CPV ou les poissons, ils viendront se rafraîchir tous les jours si aucun chat ne perturbe leurs ébats.

EN AUTOMNE
L'hivernage à l'intérieur

Dès que la température de l'eau se rapproche de 10°C, le métabolisme des poissons rouges et des carpes japonaises se ralentit. Ils restreignent leur dépense d'énergie en se déplaçant très peu. Il faut donc diminuer leur alimentation et cesser complètement de les nourrir à 6°C. C'est à cette période qu'ils deviennent, pour ainsi dire, léthargiques; c'est alors qu'on peut plus facilement les retirer pour les faire hiverner à l'intérieur.

Remplissez au préalable l'aquarium ou le bac d'hivernage avec l'eau du jardin aquatique; ce faisant, vous réduisez d'autant le délai nécessaire au mûrissement de l'eau et au développement de bactéries. Pour ne pas redresser leurs écailles au moment de saisir les poissons, utilisez autant que possible une épuisette peu profonde dont les mailles sont relativement petites. Soyez patients; même léthargique, un poisson décèle rapidement la menace et sortira de sa torpeur pour vous fuir. Transportez le poisson vers le bac d'hivernage dans un récipient assez profond, sinon il risque de sauter par-dessus bord. Transférez-le ensuite dans le bac d'hivernage si l'eau que celui-ci contient provient de la pièce d'eau. Sinon, il faut recourir à la méthode utilisée par les animaleries (voir partie II, chapitre 3).

Ce déplacement saisonnier cause un certain stress aux poissons. Il faudra donc les surveiller plus attentivement au cours des jours qui suivront pour déceler le plus tôt possible toute complication. Parfois les poissons deviennent méfiants et excités au point de ne plus sembler apprivoisés. Pour éviter qu'ils ne sautent à l'extérieur du bac, recouvrez-le d'un filet pendant quelques jours.

On peut profiter de la rentrée des poissons pour procéder au nettoyage de la pompe. Enlevez la corrosion à l'aide d'un papier émeri et rafraîchissez la peinture. Si vous décidez d'entreposer la pompe, consultez votre détaillant. Certains modèles de pompes doivent être placés dans un récipient rempli d'eau afin d'éviter le dessèchement et les pertes de lubrifiant. Vous pouvez également la laisser dans le jardin aquatique, mais à condition qu'elle soit sous la glace.

L'hivernage sous la glace

Si la profondeur du jardin aquatique est d'au moins 60 cm, vous pourrez laisser les poissons hiverner sous la glace. Les gaz produits par la décomposition des plantes et la respiration des poissons doivent cependant pouvoir s'échapper, sinon les poissons mourront asphyxiés. Plusieurs méthodes sont applicables ici, depuis les colonnes d'aération jusqu'aux éléments chauffants. Nous vous en décrivons quelques-unes.

Par bouillonnement de l'eau : Cette méthode, sans doute la plus répandue, consiste à utiliser une pompe immergée dont on aura détaché les tuyaux qui la relient à la cascade afin de produire un léger bouillonnement d'eau à la surface. Comme l'eau en mouvement ne gèle pas, les gaz pourront s'échapper. Placez la pompe dans la zone la plus profonde du jardin aquatique et à une hauteur appropriée en la posant éventuellement sur un bloc de béton. Précisons qu'une pompe placée trop profondément créera une circulation de l'eau du fond vers la surface. Ce mouvement peut avoir comme effet d'abaisser la température de l'eau en deça de 2°C, température à laquelle vos poissons risquent de mourir. Veillez aussi à ce qu'il n'y ait pas de projection de gouttelettes au-dessus de l'eau, sinon un cône de glace se formera au cours de l'hiver et bloquera la voie d'évacuation. Bien que la glace se forme progressivement au cours de l'hiver, la zone en mouvement demeure libre. Elle se réduit à quelques centimètres au plus fort de l'hiver, mais continue de jouer son rôle. Si la pompe tombe en panne et si la zone d'aération gèle, utilisez de l'eau bouillante. Ne cassez jamais la glace, car l'onde de choc pourrait assommer les poissons et les faire mourir.

Colonne d'aération : Cette méthode consiste à installer un tuyau dans l'eau pour permettre aux gaz de s'échapper. Le tuyau, dont l'extrémité supérieure doit dépasser la neige tombée sur le jardin aquatique, est maintenu à la verticale à l'aide d'un bloc de styromousse. On termine la portion extérieure au moyen d'un coude pour que les précipitations de neige ne bloquent pas le passage des gaz. Ancrez ce bloc à l'aide d'une pierre pour qu'il ne se déplace pas avant d'être pris dans la glace.

Abaissement du niveau de l'eau : Ceux qui font de la plongée sous la glace constatent souvent l'existence de poches d'air entre la glace et l'eau. Les gaz peuvent y circuler. Pour créer ces poches d'aération, retirez une partie de l'eau dès qu'une couche de glace assez épaisse se sera formée. Cette méthode a ses limites, car il est difficile d'évaluer le volume d'eau à enlever pour permettre aux gaz de s'échapper. Il faut le faire en fonction du nombre et de la taille des poissons.

Éléments chauffants : Depuis quelques années, on trouve sur le marché des éléments chauffants qui empêchent la glace de se former au centre du jardin aquatique et permettent la libre circulation des gaz. Toutefois, la consommation en électricité de cet accessoire est supérieure à celle d'une pompe.

CONCLUSION

ÈS la première année, votre jardin aquatique vous procurera des plaisirs insoupçonnés. La vie qui se développe sous toutes ses formes, végétales et animales, vous fascinera tout autant que l'effet visuel que vous aurez ainsi créé. Tous ceux qui possèdent un jardin aquatique découvrent cet apaisement qu'apporte le clapotis de l'eau d'une cascade, l'observation des poissons qui virevoltent près des nymphéas, le gazouillement des oiseaux. Ils ont, tout compte fait, déployé peu d'efforts comparativement à ceux qu'exige un jardin ordinaire.

Nous avons cherché à vous faciliter la tâche et à vous permettre de connaître les mêmes joies. Puisez dans ce livre les idées qui vous guideront dans la conception, la réalisation et l'entretien d'un jardin aquatique. Faites vous-même vos propres expériences en les partageant avec ceux qui possèdent déjà un jardin aquatique ou souhaitent s'en construire un. Les sociétés d'horticulture du Québec manifestent un intérêt de plus en plus marqué dans ce domaine et se feront un plaisir de vous conseiller. Joignez-vous à eux pour en apprendre davantage sur cette forme d'horticulture ou lancez votre propre association.

RÉPERTOIRE DES
PLANTES AQUATIQUES

AFIN de faciliter la consultation de ce répertoire, la plupart des plantes sont décrites de la façon suivante : le nom scientifique, le nom vernaculaire, la famille, le type de plante, la rusticité, le besoin d'ensoleillement, les traits particuliers, la couleur des fleurs, la période de floraison, la hauteur, l'acidité du milieu, la profondeur de plantation, l'étalement, la croissance, la multiplication et certains renseignements complémentaires. Une description plus détaillée de certains des termes est fourni ci-dessous.

Nom scientifique : nom latin de la plante.

Nom vernaculaire : nom courant de la plante.

Famille : nom de la famille à laquelle appartient la plante. Nous avons préféré la forme française à la forme latine.

Type de plante : l'un ou l'autre des types reconnus de plantes utilisées pour les jardins aquatiques : bordure, feuillage flottant, immergées, émergées et nageantes.

Rusticité : la presque totalité des ouvrages sur les jardins aquatiques regroupent les plantes sous deux catégories : les plantes rustiques et les plantes tropicales. Même si ces catégories ne s'excluent pas (la zone de rusticité 10 s'apparente à bien des égards aux zones tropicales) nous les avons retenues afin de faciliter le repérage des plantes dans cet ouvrage. Si elle est appuyée par une source documentée, la zone de rusticité est donnée sous la rubrique Renseignements complémentaires.

Période de floraison : les mois au cours desquels la floraison est généralement observée. Cette période peut varier selon les zones de rusticité ou les microclimats. Si la plante produit continuellement des fleurs, le premier et le dernier mois de la période de floraison sont indiqués.

Profondeur de plantation : la profondeur à laquelle la racine ou la couronne de la plante doit être placée : 0 cm correspond au niveau de l'eau. Ainsi une plante dont la profondeur de plantation se situe entre 0 cm et 8 cm peut être plantée au niveau de l'eau ou à une profondeur maximale de 8 cm.

Étalement : ce renseignement indique l'étalement d'une plante à sa maturité.

Croissance : selon que la plante arrive à maturité et puisse être multipliée à l'intérieur d'une saison, après une saison ou au bout de quelques saisons, elle aura une croissance rapide, moyenne ou lente.

Renseignements complémentaires : cette section fournit d'autres renseignements sur la plante : son habitat, les espèces voisines, les variétés les mieux connues, les exigences de culture, la zone de rusticité.

NOM SCIENTIFIQUE	Acorus calamus	Acorus gramineus 'Variegatus'	Alisma plantago-aquatica
NOM VERNACULAIRE	Acore	Acore nain	Plantain d'eau
FAMILLE	Aracées	Aracées	Alismatacéees
TYPE DE PLANTE	Émergeante	Émergeante	Bordure
RUSTICITÉ	Rustique	Tropicale	Rustique
SITUATION	Plein soleil	Plein soleil	Plein soleil
TRAITS PARTICULIERS	Fleurs	Feuillage particulier	Fleurs
COULEUR DES fleURS	Brun teinté de vert	Brun teinté de vert	Blanc
FLORAISON	6-7	6-7	6-8
HAUTEUR	De 70 à 100 cm	25 cm	30 à 90 cm
ACIDITÉ DU MILIEU	Neutre	Neutre	Neutre
PROFONDEUR DE PLANTATION EN MILIEU AQUATIQUE	8 à 15 cm	8 à 10 cm	10 à 35 cm
ENVERGURE	30 à 90 cm	Moins de 30 cm	Moins de 30 cm
CROISSANCE	Lente	Lente	Rapide
MULTIPLICATION	Division printemps, été	Division: printemps, été	Division printemps, automne, semis
RENSEIGNEMENTS COMPLÉMENTAIRES	Les feuilles vertes de cette plante ressemblent à celles des iris. On marie souvent ces deux plantes dans des massifs en bordure du jardin aquatique. L'acore produit une inflorescence cylindrique de 5 cm à 8 cm de peu d'intérêt. Elle est rustique dans les zones 4 à 10. Ses feuilles dégagent une odeur agréable lorsqu'on les froisse dans les mains. L'Acorus calamus 'Variegatus', plus compacte et plus lente à s'établir, a des feuilles à rayures blanc jaune semblables à celles de l'Iris pseudocorus 'Variegatus'	Non-rustique sous notre climat, cette plante ressemble à l'Acorus calamus 'Variegatus'. Elle offre un certain intérêt comme plante d'intérieur.	Cette plante que plusieurs désignent également sous le nom d'Alisma parviflora ou d'Alisma triviale se retrouve dans nos étangs, lacs et même dans plusieurs fossés. Elle est envahissante au point que l'on a intérêt à couper la tige immédiatement après la floraison. Certaines variétés produisent des fleurs rose-lilas. L'espèce Alisma canaliculatum, fluteau caniculé, non indigène au Québec est de taille très réduite (10 à 20 cm).

Nom scientifique	*Aponogeton distachyus*	*Azolla caroliniana*	*Bergenia cordifolia*
Nom vernaculaire	Aponogéton	Azolla	Bergenia à feuille en coeur
Famille	Aponogetonacées	Azollacées	Saxifragacées
Type de plante	Feuillage flottant	Nageante	Bordure
Rusticité	Rustique	Rustique	Rustique
Situation	Mi-ombre	Plein soleil	Ombre
Traits particuliers	Fleurs parfumée	Feuillage minuscule	Feuillage persistant
Couleur des fleurs	Blanc	-	Rose
Floraison	6-9	-	5-6
Hauteur	Moins de 10 cm	Moins de 1 cm	20 à 40 cm
Acidité du milieu	Neutre	Neutre	Neutre
Profondeur de plantation en milieu aquatique	25 à 50 cm	-	-
Envergure	30 cm	Moins de 1 cm	Moins de 30 cm
Croissance	Rapide	Rapide	Moyenne
Multiplication	Semis	Bourgeonnement latéral	Division, semis
Renseignements complémentaires	Les feuilles de l'aponogéton sont flottantes, alors que l'inflorescence s'élève légèrement au-dessus de l'eau. Cette plante produit des fleurs fortement parfumées à odeur de vanille. La floraison est continuelle si on la cultive à l'ombre. La graine germe facilement sous l'eau et se fixe sur à peu près n'importe quoi en remontant. Normalement rustique dans la zone 5, elle peut hiverner en zone 3b si on la descend à une profondeur supérieure à l'épaisseur de la glace.	Plutôt considérée comme annuelle, cette variété de fougère flottante hiverne sous forme de spores immergées. Sa propagation est rapide. Particulièrement intéressante pour sa coloration automnale rouge.	Cette plante de milieu humide et à feuillage persistant produit une inflorescence printanière qui garnira bien la végétation de votre jardin aquatique en association avec les primevères.

...asenia schreberi	*Butomus umbellatus*	*Cabomba caroliniana*	*Calla palustris*
...rasénie de Schreber	Butome à ombelle, Jonc fleuri	Cabomba	Calla des marais, Souci d'eau
...ymphéacées	Butomacées	Nymphéacées	Aracées
...uillage flottant	Émergeante	Immergée	Émergeante
...ustique	Rustique	Rustique	Rustique
...ein soleil	Plein soleil	Plein soleil	Mi-ombre
...uillage particulier	Fleurs en ombelle	Feuillage particulier	Fleurs en forme de spatule
...ige rosé	Rose	Blanc	Blanc
	6-7	7	6
... cm	1 m	30 cm	30 à 50 cm
...eutre	Neutre	Neutre	Acide
... cm à 1,8 m	5 à 8 cm	12 à 15 cm	0 à 10 cm
... à 90 cm	30 à 90 cm	30 à 90 cm	Moins de 30 cm
...apide	Rapidité moyenne	Rapide	Rapidité moyenne
...vision, semis	Division printanière, semis	Boutures, division	Division printanière, semis
...survie est assurée notamment ...r les fruits et bourgeons hiver-...ux qui se déposent au fond ...l'étang jusqu'au printemps ...ivant. Si vous la prélevez dans ...n habitat naturel, ne ...tériorez pas son enveloppe ...latineuse. Elle produit une ...ur minuscule.	Même si cette plante se multiplie principalement par division ou par semis (plus difficile), elle produit également des bulbilles qui peuvent être replantés. Elle est peu sensible aux rigueurs de l'hiver et se comporte bien en zone 3b. Elle tend à devenir envahissante. Le butome se trouve fréquemment sur les rives du Saint-Laurent.	Cette plante est une excellente oxygènante. Elle n'est pas enva-hissante comme l'élodée (*Elodea canadensis*) ou le cératophylle (*Ceratophyllum demersum*). Elle doit être hivernée en bac ou en aquarium.	Cette plante se trouve un peu partout au Québec dans les marais et cours d'eau. Rustique jusqu'en zone 2, elle produit une fleur blanche en forme de spatule. La multiplication s'effectue par division du rhizome au printemps ou par semis des graines à l'automne pour obtenir un plant au printemps suivant. Le développement rapide du rhi-zome tend rendre la plante envihissante.

NOM SCIENTIFIQUE	*Caltha palustris*	*Canna* sp.	*Carex limosa*
NOM VERNACULAIRE	Populage des marais	Canna	Carex des bourbiers, laiche
FAMILLE	Renonculacées	Cannacées	Cypéracées
TYPE DE PLANTE	Émergeante	Bordure	Émergeante
RUSTICITÉ	Rustique	Tropicale	Rustique
SITUATION	Plein soleil	Plein soleil	Mi-ombre
TRAITS PARTICULIERS	Fleurs	Floraison continue	Épis
COULEUR DES FLEURS	Jaune	Selon la variété	-
FLORAISON	5- 6	6-9	-
HAUTEUR	Moins de 30 cm	1,5 à 1,8 m	1 m
ACIDITÉ DU MILIEU	Acide	Neutre	Acide à neutre
PROFONDEUR DE PLANTATION EN MILIEU AQUATIQUE	0 à 8 cm	10 à 15 cm	0 à 40 cm
ENVERGURE	Moins de 30 cm	40 cm	Moins de 30 cm
CROISSANCE	Moyenne	Rapidité moyenne	Rapide
MULTIPLICATION	Division ou semis	Division, semis	Division, semis
RENSEIGNEMENTS COMPLÉMENTAIRES	Il faut semer les graines dans l'année pendant laquelle elles sont produites. Cette plante hiverne en zone 5. Diverses variétés sont disponibles dont les suivantes : *C. palustris* 'Flore plena': produit une fleur double; Le *C. palustris* 'Polypetala' : les feuilles et fleurs de cette plante de l'Asie sont plus larges que celles de la variété *C.* 'Flore pleno'; *C. palustris* 'Alba' : variété des Himalayas qui donne une fleur blanche.	Le canna que l'on observe de plus en plus dans nos plates-bandes, existe également en plusieurs variétés de type marais. Les variétés les plus connues sont: *C.* 'Flaccida' (fleur orange), *C.* 'Endeavour' (fleur rouge), *C.* 'Taney' (fleur orange brulé), *C.* 'Erebus' (fleur rose saumon) et *C.* 'Ra' (fleur jaune). Il lui faut un sol riche et il doit hiverner à l'intérieur comme les lotus. Il peut également être maintenue actif, mais doit être fertilisé abondamment pour éviter l'affaiblissement du rhizome.	Épis retombant sur une tige triangulaire. Cette qui se comporte bien en zone 3 plante retient bien le sol des berges. Ell ressemble à certaines graminées et se trouve un peu partout au Québec dans les milieux humides. Le semis est effectué à l'automne pour obtenir une germination au printemps suivant.

Ceratophyllum demersum	*Colocasia antiquorum*	*Crassula recurva*	*Cyperus alternifolius*
Cératophylle	Colocasia, taro impérial	Crassula	Papyrus
Cératophyllacées	Aracées	Crassulacées	Cyperacées
Immergée	Émergeante	Immergée	Émergeante
Rustique	Tropicale	Rustique	Tropicale
Plein soleil	Plein soleil	Plein soleil	Mi-ombre
-	Feuillage panaché	Feuillage persistant	Feuillage en ombelle
-	Jaune pâle	-	-
-	7-8	-	-
-	1 à 1,5 m	Moins de 30 cm	30 à 90 cm
Neutre	Neutre	Neutre	Neutre
60 à 100 cm	5 à 12 cm	30 cm	30 cm
Moins de 30 cm	60 à 90 cm	Plus de 90 cm	Moins de 30 cm
Rapide	Moyenne	Rapide	Rapide
Boutures	Division hivernale	Boutures, division	Division, immersion de la tête

Cette plante est une bonne oxygénante, mais il faut l'utiliser parcimonieusement dans les petits jardins aquatiques puisqu'elle rejette beaucoup de gaz carbonique pendant la nuit. Elle survit dans les zones 3.

Cette plante architecturale au feuillage ovale vert émeraude vit également en pleine terre. Sa multiplication se fait au cours de la période de dormance, soit durant l'hiver. Comme la plupart des plante tropicales, elle exige une eau relativement chaude (18° C). En raison de sa hauteur, on doit lui fournir une protection contre les grands vents. Elle nécessite un sol organique riche. L'espèce *C. esculenta*, connue sous les noms d'Oreille d'éléphant ou de Yam, comporte notamment les variétés suivantes : *C. esculenta* 'Fontanesii' (pétiole violacée), *C. esculenta* 'Illustris' (taches violettes sur les feuilles). Celles-ci ont les mêmes exigences culturales que le *C. antiquorum*.

Ce crassula, originaire de l'Australie, est désignée aussi sous le nom de Tillea recurva. Cette autre excellente plante oxygénante à feuillage persistant vert moutarde est moins connue chez nous. Sans être envahissante, elle tapisse efficacement le fond.

Cette plante préfère les endroits lumineux et frais. L'hivernage doit se faire à l'intérieur; la base doit demeurer recouverte d'eau qu'elle consomme en très grande quantité. La multiplication la plus simple consiste à maintenir sous l'eau une tige qui s'est brisée, puis à la détacher de la plante-mère lorsque les racines se sont développées. On retrouve plusieurs espèces de papyrus ayant les mêmes exigences culturales dont les suivantes: *C. longus* : espèce de taille moyenne (90 cm à 1,2 m); *C. haspans viviparius* : espèce naine (35 à 45 cm); *C. papyrus* : espèce géante (3,5 à 4,5 m). Zones 9 et 10.

NOM SCIENTIFIQUE	*Eichhornia crassipes*	*Elodea canadensis*	*Equisetum fluviatile*
NOM VERNACULAIRE	Jacinthe d'eau	Elodée du Canada, Etoile du Canada, Peste d'eau	Prêle fluviatile, prêle d'hiver
FAMILLE	Pontédériacées	Hydrocharitacées	Equisétacées
TYPE DE PLANTE	Nageante	Immergée	Émergeante
RUSTICITÉ	Tropicale	Rustique	Rustique
SITUATION	Plein soleil	Mi-ombre	Ombre
TRAITS PARTICULIERS	Feuillage balloné	Fleur minuscule	Tige annelée
COULEUR DES fleurs	Bleu	Blanc	-
FLORAISON	7-8	6-7	-
HAUTEUR	Moins de 30 cm	-	40 à 120 cm
ACIDITÉ DU MILIEU	Neutre	Alcalin	Neutre
PROFONDEUR DE PLANTATION EN MILIEU AQUATIQUE	-	-	0 à 15 cm
ENVERGURE	Moins de 30 cm	30 à 90 cm	Moins de 30 cm
CROISSANCE	Rapide	Rapide	Rapide
MULTIPLICATION	Division des stolons	Boutures	Division de souche
RENSEIGNEMENTS COMPLÉMENTAIRES	À n'introduire dans le jardin aquatique que si tout risque de gel tardif est écarté (zone 9 et 10). L'hivernage se fait dans des bassins intérieurs ou aquariums dont la température de l'eau dépasse les 18 C. et qui sont dotés d'un éclairage d'appoint. Compte tenu du prix relatif au coût d'hivernage, on doit considérer cette plante comme une annuelle. Une proche parente, la jacinthe d'eau azurée (*Eichhornia azurea*) a une envergure plus grande (1,5 m) et produit une fleur bleu azur dont le centre violet est garni de taches jaunes.	Cette excellente plante oxygénante que l'on trouve dans nos cours d'eau et marais produit une fleur minuscule. Elle tend à devenir envahissante même si les poissons rouges et carpes s'en nourrissent.	Cette plante émergée très rustique (zone 3) et indigène au Québec a une tige annelée. Elle est très élégante lorsqu'elle est installée sur le bord de l'eau. Elle ressemble à de jeunes pousse d'asperges. On retrouve d'autres espèces: *E. scirpoides, E. hyemale* et *E. americanum.*

Eriophorum vaginatum	*Euryale ferox*	*Glyceria aquatica* 'variegata'	*Gunnera manicata*
Linaigrette, linaigrette à large gaine, lin des marais	Euryale	Glycérie aquatique panachée	Gunnera
Cypéracées	Nymphæacées	Graminées	Holoragacées
Bordure	Feuillage flottant	Émergeante	Bordure
Rustique	Tropicale	Rustique	Rustique
Mi-ombre	Plein soleil	Mi-ombre	Mi-ombre
Barbes soyeuses et blanches	Feuillage très large	Feuillage blanc et jaune	Feuillage géant
-	Violet	-	-
-	6-8	7-9	-
30 à 40 cm	8 cm	60 à 100 cm	Plus de 90 cm
Acide	Neutre	Neutre	Neutre
0 à 5 cm	45 cm	5 à 15 cm	-
Variable	3 m	Moins de 30 cm	Plus de 2,50 m
Moyenne	Moyenne	Rapide	-
Division, semis	Division, semis	Division	Division de souche
Variété de linaigrette répandue au Québec (zone 2). Sa houppe soyeuse en fait une plante de bordure très décorative. Elle complète bien un bouquet de fleurs séchées pourvu qu'on a coupé la plante avant qu'elle ne parvienne à maturité, sinon elle perd rapidement ses barbes. Les espèces *E. latifolium* et *E. angustifolium* lui ressemblent beaucoup.	Cette plante tropicale (zone 9 et 10) au feuillage très large (1,20 m) a des exigences culturales similaires au Victoria amazonica soit, une eau dont la température doit être maintenue entre 24° et 27° C et une température ambiante nocturne ne soit inférieure à 18° C. La fleur de 10 cm de diamètre n'ouvre que la nuit et ne vit que deux jours. Le dessous des feuilles est garni de nombreuses épines. Le rebord des feuilles n'est pas relevé comme dans le cas du *Victoria amazonica*.	L'inflorescence panachée de cette graminée complète bien un groupe de carex et d'iris. Elle se développe rapidement, au point que, même en bordure, il est préférable de la placer dans des petits paniers.	Cette plante vivace de bordure à feuillage géant (2,50 à 3 m) convient surtout aux grands jardins aquatiques. Il faut protéger la plante des vents forts. Rustique en zone 5b, on doit néanmoins la couvrir d'un épais paillis à l'automne.

NOM SCIENTIFIQUE	*Hottonia palustris*	*Houttuynia cordata* 'variegata'	*Hydrocharis morsus-ranæ*
NOM VERNACULAIRE	Mille-feuille aquatique, Hottonie des marais	Houttuynia	Hydrocharide grenouillette
FAMILLE	Primulacées	Saururacées	Hydrocharitacées
TYPE DE PLANTE	Immergée	Bordure	Nageante
RUSTICITÉ	Rustique	Rustique	Rustique
SITUATION	Ombre	Ombre	Plein soleil
TRAITS PARTICULIERS	Fleurs	Feuillage bigarré	Ressemble à des nymphéas
COULEUR DES fleURS	Blanc, lavande pâle	Crème	Blanc
FLORAISON	6	6-8	7-8
HAUTEUR	30 à 40 cm	15 à 30 cm	5 cm
ACIDITÉ DU MILIEU	Neutre	Neutre	Neutre
PROFONDEUR DE PLANTATION EN MILIEU AQUATIQUE	10 à 50 cm	-	-
ENVERGURE	Variable	Variable	Moins de 30 cm
CROISSANCE	Moyenne	Moyenne	Rapide
MULTIPLICATION	Division, boutures ou semis.	Division au printemps	Division des stolons
RENSEIGNEMENTS COMPLÉMENTAIRES	Cette plante oxygènante arbore une hampe florale qui s'élève au-dessus de l'eau. La graine se développe sous l'eau. À l'automne, la plante produit des bourgeons hivernaux submergés.	Cette plante de milieu humide a un feuillage parfumé de diverses couleurs. Elle tend à devenir envahissante (zone 5).	Cette plante, introduite au Canada au cours des années 1930, croît un peu partout le long du Saint-Laurent et de ses affluents jusque dans la région de Québec (zone 4b). À l'automne, il y a formation de bourgeons renflés qui tombent au fond du bassin pour servir à la repousse printanière. On peut aussi faire hiverner les plantes dans de petits récipients remplis d'un substrat organique. Elle devient rapidement envahissante. Sa dimension très réduite en fait une plante flottante intéressante pour les petits jardins aquatiques.

Hydrocleys nymphoides	Hydrocotyle vulgaris	Iris kæmpferi	Iris lævigata
Hydrocleys	Hydrocotyle commune, Écuelle d'eau	Iris du Japon	Iris laevigata
Butomacées	Ombellifères	Iridacées	Iridacées
Émergeante	Émergeante	Bordure	Bordure
Tropicale	Rustique	Rustique	Rustique
Plein soleil	Plein soleil	Mi-ombre, soleil	Mi-ombre
Floraison continue	Floraison continuelle	Fleurs printanières	Fleurs printanières
Jaune	Blanc à rosé	Blanc, bleu, violet, rouge	Bleu, rose ou violet
9-9	6-9	6	6-7
10 à 90 cm	10 à 20 cm	45 à 60 cm	45 à 60 cm
Neutre	Neutre	Acide	Neutre
10 à 30 cm	5 à 30 cm	0 cm	0 à 15 cm
90 cm	30 à 90 cm	Variable	Moins de 30 cm
Rapide	Rapide	Moyenne	Rapidité moyenne
Division de souche	Division	Division printanière du rhizome	Division printannière du rhizome
Cette plante pousse bien dans un jardin aquatique intérieur. La température doit être supérieure à 15° C. On doit la réduire régulièrement. Elles survit dans les zones 5.	Cette plante immergée est très appréciée des Européens pour les qualités réjuvénantes du milieu que possèdent ses racines. Au Québec, sa rusticité n'est pas encore confirmée dans les zones froides (3 et 4). Lorsqu'elle est placée sur le bord des cascades, son feuillage se développe aisément pour en faire une variété retombante. On doit la réduire régulièrement.	L'iris japonais englobe plus de 700 variétés. Sa racine tolère la présence de l'eau l'été, mais elle doit être transférée en pleine terre pour hiverner.	On confond souvent cette plante avec les espèces I. kæmpferi et I. sibirica, mais ces dernières n'étant pas à proprement parler des plantes aquatiques.

NOM SCIENTIFIQUE	*Iris pseudacorus*	*Iris sibirica*	*Iris versicolor*
NOM VERNACULAIRE	Iris jaune des marais	Iris de Sibérie	Iris versicolore
FAMILLE	Iridacées	Iridacées	Iridacées
TYPE DE PLANTE	Bordure	Bordure	Bordure
RUSTICITÉ	Rustique	Rustique	Rustique
SITUATION	Mi-ombre, plein soleil	Mi-ombre, plein soleil	Mi-ombre, plein soleil
TRAITS PARTICULIERS	Fleurs printanières	Fleurs printanières	Fleurs printanières
COULEUR DES FLEURS	Jaune	Blanc, violet, bleu	Violet
FLORAISON	6-7	6-7	6-7
HAUTEUR	60 cm à 1,20 m	30 à 90 cm	60 cm
ACIDITÉ DU MILIEU	Neutre	Neutre	Neutre
PROFONDEUR DE PLANTATION EN MILIEU AQUATIQUE	0 à 15 cm	0 à 30 cm	5 à 15 cm
ENVERGURE	Moins de 30 cm	30 à 90 cm	Variable
CROISSANCE	Rapidité moyenne	Moyenne	Moyenne
MULTIPLICATION	Division printanière du rhizome	Division printanière du rhizome	Division printanière du rhizome
RENSEIGNEMENTS COMPLÉMENTAIRES	On trouve fréquemment l'*Iris pseudacorus* 'Variegata' combiné à des carex et glycéries. Malgré nos hivers rigoureux, son rhizome résiste au gel des bordures d'étang dans les zones 4. Dans les zones 3, un bon paillis automnal lui procure une protection supplémentaire.	Cette plante, tout comme l'espèce *I. kaempferi*, tolère la présence de l'eau l'été, mais doit être en pleine terre pour hiverner.	Plusieurs horticulteurs du Québec estiment que cette fleur indigène devrait être notre emblème floral, et non le lis blanc. Le cultivar 'Kermesina' est sans doute le plus répandu. Bien qu'on l'observe plus souvent dans des jardins traditionnels, elle convient très bien comme plante de bordure. Elle croît sans peine en zone 3.

rcus effusus 'Spiralis'	*Lemna minor*	*Ligularia* sp.	*Lobelia cardinalis*
nc épars	Lentille d'eau	Ligulaires	Lobélie cardinale
ncacées	Lemnacées	Composées	Lobéliacées
mergeante	Nageante	Bordure	Bordure
ustique	Rustique	Rustique	Rustique
ein soleil	Mi-ombre	Plein soleil, mi-ombre	Mi-ombre
ge en tire-bouchon	Feuillage miniscule	Feuillage large	Fleurs
	-	Jaune	Rouge
	-	7-8	7-8
à 45 cm	2 à 3 mm.	Plus de 90 cm	50 à 70 cm
eutre	Neutre à alcalin	Neutre	Acide
à15 cm	-	-	-
oins de 30 cm	Moins de 5 cm	30 à 60 cm	0 à 15 cm
apide	Rapide	Moyenne	Moyenne
ivision printanière, estivale	Bourgeonnement latéral	Division	Division, semis
ette variété de jonc offre un térêt surtout pour sa tige qui dresse en spirale. Comme la upart des joncs que l'on trou- au Québec, il est très rustique one 3). Il a tendance à devenir nvahissante.	Très goutée des poissons rouges et des carpes japonaises qui freinent heureusement sa multiplication, cette plante flottante serait, autrement, envahissante et difficile à éliminer complètement. Pesez le pour et le contre avant de l'introduire dans un jardin aquatique. Bien qu'elle ne soit pas dans tous les milieux aquatiques du Québec, elle devrait être en mesure d'hiverner en zone 3b puisqu'elle est indigène dans la partie nordique des Territoires du Nord-Ouest.	Ces plantes architecturales par leurs dimensions produisent des fleurs sur une hampe qui s'élève au-dessus des feuilles. Elle garnit très bien l'arrière-plan d'un milieu humide. L'espèce *L. japonica* a une feuille palmatilobée, alors que celle de la variété *L. przewalski* est triangulaire et découpée.	La lobélie cardinale que l'on trouve dans son habitat naturel croît sans difficulté en bordure du jardin aquatique. En revan- che, les variétés cultivées sem- blent avoir perdu un peu cette caractéristique. Elle se comporte bien en zone 4b. Il ne faut pas confondre la lobélie cardinale avec la lobélie de Dortmann (*Lobelia dortmanna*) qui est véritablement aquatique, très rustique (zone 3) et qui présente une fleur blanche.

NOM SCIENTIFIQUE	*Lysichitum americanum*	*Lysimachia nummularia*	*Lythrum salicaria*
NOM VERNACULAIRE	Lysichiton américain	Lysimaque nummulaire	Salicaire
FAMILLE	Aracées	Primulacées	Lythracées
TYPE DE PLANTE	Bordure	Bordure	Bordure
RUSTICITÉ	Rustique	Rustique	Rustique
SITUATION	Plein soleil	Ombre et mi-ombre	Plein soleil, mi-ombre
TRAITS PARTICULIERS	Fleurs en forme de spatule	Feuillage persistant	Fleurs
COULEUR DES FLEURS	Jaune	Jaune à orange	Rose foncé
FLORAISON	7-8	6-8	7-8
HAUTEUR	90 cm	0 cm	90 cm à 1,20 m
ACIDITÉ DU MILIEU	Neutre	Neutre	Neutre
PROFONDEUR DE PLANTATION EN MILIEU AQUATIQUE	0 à 15 cm	–	0 à 10 cm
ENVERGURE	Moins de 30 cm	Plus de 90 cm	Moins de 30 cm
CROISSANCE	Lente	Rapide	Rapide
MULTIPLICATION	Division printanière, semis	Division, semis, boutures	Division, semis
RENSEIGNEMENTS COMPLÉMENTAIRES	La floraison de cette plante de marais et de tourbière précède le déploiement du feuillage. Il est lent à s'établir (4 à 5 ans), mais ses feuilles larges produisent un effet impressionnant en bordure des jardins aquatiques. Il complète bien un groupe de Calla des marais (*Calla palustris*) qui ont également une fleur en forme de spatule mais de couleur blanche. Sa parente japonaise, *L. camschatcense* est plus petite et produit une fleur spatiforme blanche. Il possède les mêmes exigences que le lysichiton américain. La division s'effectue avant la sortie des fleurs. On sème les graines au moment où elles parviennent à maturité. Il est rustique en zone 5b pourvu qu'on la couvre d'un épais paillis.	Cette plante rampante qui croît également dans les plates-bandes humides se répand rapidement. Son feuillage persistant jaune or à l'automne en fait un couvre-sol particulièrement intéressant à proximité de l'eau ou comme plante retombante près des cascades.	Cette plante rustique (zone 4) que l'on trouve de plus en plus à l'état sauvage le long de nos routes devient rapidement envahissante. Elle suscite une certaine controverse puisque son développement agressif s'effectue souvent au détriment des autres plantes de marais dont la quenouille. Nous vous recommandons de freiner son développement en éliminant les fleurs dès qu'elle devient fanée. En revanche, elle enjolive les bordures d'un étang. Elle s'établit également dans des plates-bandes humides.

arsilea quadrifolia	Mentha aquatica	Menyanthes trifoliata	Mimulus ringens
èfle d'eau	Menthe aquatique	Trèfle d'eau	Mimule à fleurs entrouvertes
arsileacées	Labiées	Menyanthacées	Scrophulariacées
uillage flottant	Émergeante	Bordure	Émergeante
opicale	Rustique	Rustique	Rustique
-ombre	Mi-ombre	Plein soleil	Ombre
uillage particulier	Feuillage aromatique	Fleurs en grappes	Fleurs
	Lavande	Blanc	Violet
	7-8	6-7	7
cm	30 cm	30 cm	75 cm
eutre	Acide	Acide	Neutre
à 10 cm	-	5 à 15 cm	-
à 90 cm	Moins de 30 cm	Moins de 30 cm	Moins de 30 cm
apide	Rapide	Rapide	Rapide
vision	Division, boutures ou semis	Division, boutures	Division, boutures, semis

s feuilles de cette plante ssemblent au trèfle à quatre uilles. Elle devient très rapi-ement envahissante. On doit considérer davantage comme e vivace tendre (zone 6) et la re hiverner à l'intérieur dans s bacs ou en aquarium.

Comme toute les autres menthes, la menthe aquatique devient envahissante. Elle est indifférente au mouvement des eaux. Elle camoufle bien les bordures des étangs artificiels. Elle offre un grande résistance à nos hivers (zone 3b).

Lorsqu'elle est placée en bor-dure, cette plante peut servir à masquer la membrane de CPV. La feuille comporte trois folioles allongées (de 3 à 4 cm) qui l'ap-parentent au trèfle commun des champs. Très rustique (zone 2b), elle croît un peu partout sur le territoire québécois, notamment dans des tourbières.

Certains mimules se comportent bien même si leurs racines sont immergées (ex.: *M. luteus*, *M. car-dinalis*, *M. guttatus*, *M. variegatus*). Plusieurs botanistes considèrent cependant celles-ci plutôt comme des plantes de milieu humide. Le *Mimulus ringens*, par contre, fait partie des plantes aquatiques. Il présente une gran-de résistance au froid (zone 3b). Indigène de l'Est de l'Amérique du Nord, on la retrouve le long du Saint-Laurent et de ses affluents.

NOM SCIENTIFIQUE	*Myosotis scorpioides*	*Myriophyllum aquaticum*	*Nelumbo nucifera*
NOM VERNACULAIRE	Myosotis	Myriophylle	Lotus des Indes
FAMILLE	Boraginacées	Haloragacées	Nymphéacées
TYPE DE PLANTE	Bordure	Immergée	Feuillage flottant
RUSTICITÉ	Rustique	Rustique	Tropicale
SITUATION	Plein soleil	Plein soleil	Plein soleil
TRAITS PARTICULIERS	Fleurs	Feuillage dressé	Fleurs
COULEUR DES FLEURS	Bleu	–	Blanc, rose
FLORAISON	7	–	6-8
HAUTEUR	Moins de 30 cm	15 à 25 cm	30 à 90 cm
ACIDITÉ DU MILIEU	Neutre	Acide	Neutre
PROFONDEUR DE PLANTATION EN MILIEU AQUATIQUE	0 à 8 cm	–	30 à 90 cm
ENVERGURE	Moins de 30 cm	Variable	Plus de 90 cm
CROISSANCE	Rapide	Rapide	Moyenne
MULTIPLICATION	Division, semis, boutures	Boutures	Division, semis
RENSEIGNEMENTS COMPLÉMENTAIRES	Connue également sous le nom de Myosotis des étangs (*Myosotis palustris*), cette plante possède de minuscules fleurs bleues qui s'élèvent légèrement au-dessus de l'eau sans craindre son mouvement. Les essais d'hivernage en zone 4b ne sont pas encore concluants à une profondeur de plantation de 0 à 8 cm.	Cette très bonne plante oxygénante se caractérise par une tige ornée d'un très beau feuillage filamenteux de ton vert pâle. La tige s'élève à près de 10 cm au-dessus de l'eau. Des groupe de myriophylles produisent un effet particulièrement attrayant en bordure des étangs. La multiplication est très facile à réaliser par bouturage de la tige qui parvient en quelques semaines à maturité. On la désigne également sous le nom de M. brasiliense et M. proserpinacoides. Elle hiverne très bien à l'intérieur dans de petits aquariums. Des essais concluants d'hivernage ont été obtenus en zone 3b si la racine est abaissée à une profondeur supérieure au niveau de la glace. L'espèce M. verticillatum possède les mêmes caractéristiques, mais le feuillage est d'un vert plus foncé.	La valeur décorative du lotus e[st] connue de la majorité des ama[teurs] teurs de plantes aquatiques. Fleur symbole des religions hindoue et boudhiste, le lotus a été longtemps utilisée en Égypte comme aliment. On produisait une farine à partir d[es] graines moulues. Son rhizome [est] très fragile en fait une plante délicate à cultiver, alors que n[os] conditions climatiques la desti[nent] plutôt aux zones 5 où des eaux chaudes lui éviteront de tombe[r] en dormance et de dépérir. On retrouvera à la fin du répertoir[e] une énumération de divers variétés de lotus.

...phar microphyllum	Nuphar variegatum	Nymphæa (espèces et variétés tropicales)	Nymphæa (espèces et hybrides rustiques)
...it nénuphar jaune, lis ...au jaune	Grand nénuphar jaune, lis d'eau jaune	Nymphéa, lis d'eau	Nymphéa, lis d'eau
...mphéacées	Nymphéacées	Nypheacées	Nypheacées
...uillage flottant	Feuillage flottant	Feuillage flottant	Feuillage flottant
...stique	Rustique	Tropicale	Rustique
...n soleil, mi-ombre	Plein soleil, mi-ombre	Plein soleil	Plein soleil
...urs	Fleurs	Fleurs	Fleurs
...une	Jaune	Varié	Varié
...	6-9	6-8	6-9
...ins de 30 cm	Moins de 30 cm	Moins de 30 cm	Moins de 30 cm
...ide	Acide	Neutre	Neutre
...à 1,50 m	30 cm à 1,50 m	Selon l'espèce ou l'hybride	Selon l'espèce ou l'hybride
...m	1,50 à 2 m	Selon l'espèce ou l'hybride	Selon l'espèce ou l'hybride
...oyenne	Rapidité moyenne	Moyenne	Moyenne
...vision, semis	Division, semis	Division, semis	Division, semis

...nénuphar ressemble au ...nd nénuphar jaune mais ...de petite taille plus (fleur : ...cm, feuille : 5 cm). Présent ...tout le territoire du Québec ...mme le grand nénuphar, on ...rencontre toutefois moins ...quemment. Il est très ...tique (zone 3).	Cette plante est fréquent sur nos lacs ou en eau peu profonde, elle arbore une fleur jaune qui s'élève légèrement au-dessus de l'eau. De grande envergure, elle convient plutôt aux grand étangs. Pour certains botanistes, les espèces européennes de grande taille (*N. lutea*) et de petite taille (*N. pumila*) sont considérées comme une seule et même espèce. Elle présente également des points de similitude avec le *Nuphar advena* que l'on retrouve aux États-unis. La plantation du nénuphar s'effectue comme celles des nymphéas. Elle est très résistante (zone 3).	Les nymphéas tropicaux sont diurnes ou nocturnes. Les diurnes produisent des fleurs qui s'ouvrent aux mêmes périodes que celles des nymphéas rustiques alors que les fleurs des nocturnes s'ouvrent au coucher du soleil et se referment au lever du soleil. Ils sont disponibles dans les couleurs suivantes: rouge, rose, blanc, jaune, bleu et violet. Vivaces dans leur habitat naturel, on doit les considérer au Québec comme des plantes non-rustiques à moins de les transférer à l'intérieur dans des bacs. Les profondeurs de semis indiquées correspondent à celles qui optimisent leur développement sous des conditions climatiques idéales. Une installation à un niveau légèrement moins profond peut se révéler nécessaire pour favoriser la floraison sous notre climat. Une sélection des hybrides les plus reconnus apparait à la suite des nymphéas rustiques.	Les nymphéas rustiques exigent un ensoleillement direct d'au moins six heures. La fleur s'ouvre l'avant-midi pour se refermer en fin d'après-midi et cela pour une période de 4 à 6 jours. Par temps de pluie persistant, ils ne réouvrent pas. La floraison est continuelle de juin à septembre selon les conditions climatiques. Les hybrides sont disponibles en rouge, rose, blanc, jaune et en couleurs changeantes. Les plus importants sont constitués de deux catégories: laydekeri et marliacea . Une description des caractéristiques des principaux hybrides apparaissent à la fin du répertoire. Tous les nymphéas rustiques hivernent bien jusqu'en zone 3b lorsque abaissés au fond des jardins aquatiques à l'automne.

NOM SCIENTIFIQUE	*Nymphoides peltata*	*Orontium aquaticum*	*Peltiphyllum peltatum*
NOM VERNACULAIRE	Faux Nénuphar, Villarsia	Orontium	Peltiphyllum
FAMILLE	Menyanthacées	Aracées	Saxifragacées
TYPE DE PLANTE	Nageante	Émergeante	Bordure
RUSTICITÉ	Rustique	Rustique	Rustique
SITUATION	Plein soleil	Plein soleil	Plein soleil
TRAITS PARTICULIERS	Petite fleur dentelée	Fleurs en forme de cigarette	Floraison précoce
COULEUR DES FLEURS	Jaune	Blanche à extrémité jaune	Rose pâle
FLORAISON	7-8	6-7	5-6
HAUTEUR	Moins de 30 cm	Moins de 30 cm	60 à 80 cm
ACIDITÉ DU MILIEU	Neutre	Neutre	Neutre
PROFONDEUR DE PLANTATION EN MILIEU AQUATIQUE	20 à 40 cm	8 à 30 cm	–
ENVERGURE	30 cm	30 à 90 cm	30 cm
CROISSANCE	Rapide	Rapide	Moyenne
MULTIPLICATION	Division, semis	Division, semis	Division, semis
RENSEIGNEMENTS COMPLÉMENTAIRES	Considérée par plusieurs comme une plante flottante qui prend racine facilement, le *Nymphoides peltata* se développe très rapidement. On peut donc en utiliser plusieurs au printemps pour couvrir l'eau jusqu'à ce que les nymphéas prennent leur place. Elle hiverne bien en zone 5.	Selon certains, cette plante indigène aux États-Unis hiverne bien en zone 5b. Le semis s'effectue à l'automne que l'on repique au printemps.	Cette plante vivace de milieu humide à feuillage large (30 cm est une autre plante pouvant jouer un rôle architectural par sa hauteur. La floraison sur un haute hampe précède le feuillag

tranda virginica	*Pistia stratiotes*	*Pontederia cordata*	*Primula* sp.
tandre de Virginie	Laitue d'eau	Pontédérie à feuilles en coeur	Primevère
acées	Aracées	Pontederiacées	Primulacées
hergeante	Nageante	Émergeante	Bordure
istique	Tropicale	Rustique	Rustique
in soleil	Plein soleil	Plein soleil	Plein soleil, mi-ombre
urs	Feuillage velouté	Fleurs	Fleurs printanières
rt	-	Bleu	Selon les variétés
/	-	7-9	6
70 à 100 cm	Moins de 30 cm	60 cm	15 à 40 cm
utre	Neutre	Neutre	Acide
8 à 15 cm	-	8 à 30 cm	-
15 à 20 cm	30 cm	30 à 90 cm	Variable
nte	Rapide	Rapide	Rapide
vision printanière, éstivale	Division des stolons	Division, semis	Division, semis

tte plante vivace et rustique zone 4b possède une feuille forme de flèche qui s'appa- te à celle de la sagittaire, mais i est d'une dimension pressionnante. L'inflorescence mporte une spathe étroite rte laissant découvrir les fruits. digène au Québec, cette plante té répérée dans la région de nte-Anne-de-Sorel.	Même si on lui a donné le nom de laitue d'eau, cette plante n'est nullement comestible. Ce sont les nervures de ses feuilles qui s'apparentent à celles de certai- nes laitues comme la Boston. Elle capte les particules en suspension dans l'eau pour se nourrir, et de ce fait joue, avec la jacinthe d'eau, un rôle de filtre naturel essentiel à tout jardin aquatique. Elle se conserve bien, l'hiver, en aquarium si l'eau est maintenue à une température d'au moins 18°C et si la photo- période est de 7 à 8 heures par jour. Les jeunes pousses ont alors tendance à conserver leur petite taille (5 cm).	Cette plante indigène au Québec, dont l'aire de distribu- tion remonte jusqu'à la hauteur de la Grosse Île (zone 4b), est très facile à cultiver. Elle est l'une des premières plantes aquatiques à émerger au printemps. Les fleurs s'ouvrent l'une après l'autre d'où son intérêt pour les étangs artificiels. La pontédérie préfère les eaux calmes et les sols organiques. Une variété tropicale, la *P.* 'lanceolata' ou *P.* 'Angustifolia', également à fleurs bleues, atteint plus d'un mètre. La variété *P.* 'Alba' possède les mêmes caracté- ritiques mais produit une fleur blanche, alors que celle de la variété *P.* 'Azurea' est plutôt violacée.	Bien qu'elles ne fassent pas par- tie des plantes aquatiques, les primevères s'adaptent bien aux bordures humides. Leur floraison printanière précède celle de plusieurs plantes aqua- tiques et permet descréer une continuation de la floraison. De nombreuses espèces et variétés sont disponibles dans des choix très variés de couleur. Le semis s'effectue préférablement après le prélèvement des graines.

NOM SCIENTIFIQUE	*Rheum palmatum*	*Rodgersia* sp.	*Sagittaria cuneata*
NOM VERNACULAIRE	Rhubarbe d'ornement	Rodgersia	Sagittaire à feuilles en coin, flèche d'eau américaine
FAMILLE	Polygonacées	Saxifragacées	Alismatacées
TYPE DE PLANTE	Bordure	Bordure	Émergeante
RUSTICITÉ	Rustique	Rustique	Rustique
SITUATION	Plein soleil, mi-ombre	Ombre	Plein soleil, mi-ombre
TRAITS PARTICULIERS	Larges feuilles	Fleurs	Feuillage en forme de flèche
COULEUR DES fleurs	Rouge	Blanc	Blanc
FLORAISON	6	6-7	7-8
HAUTEUR	1,80 à 2,30 m	70 à 80 cm	25 cm
ACIDITÉ DU MILIEU	Neutre	Neutre	Neutre
PROFONDEUR DE PLANTATION EN MILIEU AQUATIQUE	-	-	5 à 15 cm
ENVERGURE	80 à 90 cm	Plus de 90 cm	Moins de 30 cm
CROISSANCE	Moyenne	Rapide	Rapide
MULTIPLICATION	Division de souche	Division, semis	Division, semis
RENSEIGNEMENTS COMPLÉMENTAIRES	Cette rhubarbe décorative est une plante de bordure qui ne doit pas être placée dans l'eau, sinon le gel hivernal la fera périr. Son feuillage très large rapelle celui du ricin. La hampe florale dépasse en hauteur le feuillage (1 à 1,50 m).	Cette plante de milieu humide garnit agréablement les bordures de jardin aquatiques. Plusieurs variétés sont disponibles dont les suivantes : *R. aesculifolia, R. pinnata, R. podophylla, R. sambucifolia, R. tabularis.*	Le sagittaire à feuilles en coins est présent dans plusieurs lacs et affluents du Saint-Laurent (zone 3b). Elle ressemble au sagittaire large feuilles. Il se distingue de ce dernier par la présence de feuilles submergées et de feuilles flottantes en plus des feuilles dressées. Ces caractéristiques l'assimilent au sagittaire sagittifolia. La division des plants s'effectue l'été.

Sagittaria graminea	*Sagittaria latifolia*	*Sagittaria rigida*	*Sagittaria sagittifolia*
Sagittaire à feuilles de graminées	Sagittaire à large feuille, flèche d'eau	Sagittaire dressée	Sagittaire, Flèche d'eau américaine
Alismatacées	Alismatacées	Alismatacées	Alismatacées
Émergée	Émergeante	Émergeante	Émergeante
Rustique	Rustique	Rustique	Rustique
Plein soleil, mi-ombre	Plein soleil, mi-ombre	Plein soleil, mi-ombre	Plein soleil, mi-ombre
Feuillage en forme de flèche	Feuillage en forme de flèche	Feuillage en forme de flèche	Feuillage en forme de flèche
Blanc	Blanc	Blanc	Blanc
	7-9	7-9	7-8
Moins de 30 cm	1 m	80 cm	60 cm
Acide à neutre	Légèrement acide à neutre	Neutre	Neutre
? cm	5 à 15 cm	5 à 15 cm	5 à 15 cm
Moins de 30 cm	Moins de 30 cm	Moins de 30 cm	Moins de 30 cm
Moyenne	Moyenne	Moyenne	Rapidité moyenne
Division estivale, semis	Division, semis	Division, semis	Division, semis
On trouve cette plante immergée un peu partout dans les sections peu profondes des lacs du Québec. Même si sa feuille n'a pas la forme typique des sagittaires, il est fait partie de cette espèce. Sa propagation s'effectue comme les autres sagittaires soit. Il résiste bien à notre climat froid (zone 3b).	Cette plante aquatique très rustique (zone 3) est l'une des plus répandues au Québec. Elle croît sur le bord des lacs, des cours d'eau, des étangs et des fossés. Particulièrment intéressante pour sa fleur blanche sa capacité de retenir les berges. Diverses variétés cultivées sont également disponibles: *S. l.* 'Flore pleno' (fleur double), *S. l.* 'Pubescens' '(feuillage duveté).	Cette autre sagittaire est également indigène au Québec. On la trouve le long du Saint-Laurent jusqu'à la hauteur du Cap Tourmente (zone 4b). Bien qu'elle porte le nom sagittaire (flèche), la longue feuille de cette plante est plutôt lancéolée. L'inflorescence s'élève à peine au-dessus de l'eau.	Plusieurs botanistes ne font pas de distinction entre la *Sagittaria sagittifolia*, la *Sagittaria japonica* et la *Sagittaria leucopetala*. Toutes trois ont des caractéristiques similaires soit, la présence de feuilles submergées, flottantes et aériennes. La différence dans la dimension de ces variétés serait attribuable à l'habitat dans lequel elles se trouvent. La variété S.S. 'Flore Pleno' (à fleur double) se cultive comme le sagittaire à large feuille.

NOM SCIENTIFIQUE	*Salvinia auriculata*	*Saururus cernuus*	*Scirpus albescens*
NOM VERNACULAIRE	Salvinia auriculata	Queue-de-lézard	Scirpe blanc
FAMILLE	Salviniacées	Saururacées	Cypéracées
TYPE DE PLANTE	Nageante	Émergeante	Émergeante
RUSTICITÉ	Tropicale	Rustique	Rustique
SITUATION	Mi-ombre	Mi-ombre	Plein soleil
TRAITS PARTICULIERS	-	Fleurs	Tige rayée blanc et vert
COULEUR DES fleurs	-	Blanc	-
FLORAISON	-	7-8	-
HAUTEUR	Moins de 30 cm	30 à 90 cm	90 à 1,20 m
ACIDITÉ DU MILIEU	Neutre	Neutre	Neutre
PROFONDEUR DE PLANTATION EN MILIEU AQUATIQUE	-	5 à 15 cm	5 à 15 cm
ENVERGURE	Moins de 5 cm	30 cm	30 à 45 cm
CROISSANCE	Rapide	Rapide	Rapide
MULTIPLICATION	Division	Division, boutures	Division
RENSEIGNEMENTS COMPLÉMENTAIRES	Cette minuscule fougère nageante a une feuille de forme ovale dont les côtés sont légèrement refermés l'un contre l'autre. Non rustique sous notre climat, le salvinia doit être mise en bac ou en aquarium pour hiverner. Il se propoge très rapidement. L'espèce *Salvinia natans* possède les mêmes caractéristiques, mais elle est plus petite.	Cette plante présente un intérêt pour sa fleur odorante et son épillet duveteux. Cette plante se comporte bien en zone 4b.	Il s'agit d'une sous-espèce du scirpe des marais (*Scirpus lacustris* désignée *S. tabernaemontani* 'Albescens'. Elle est particulièrement intéressante pour sa tige rayée verticalement en blanc et vert. Très rustique (zone 3b), elle se cultive comme le scirpe des marais.

irpus lacustris	Scirpus zebrinus	Thalia dealbata	Trapa natans
cirpe des étangs, jonc d'eau	Scirpe à zébrures	Thalia	Châtaigne d'eau
ypéracées	Cypéracées	Marantacées	Trapacées
mergeante	Émergeante	Émergeante	Nageante
ustique	Rustique	Rustique	Rustique
ein soleil	Plein soleil	Plein soleil	Plein soleil
	Tige annelée	Feuillage particulier	Fruit commestible
	-	Mauve	Blanc
	-	8	7 - 8
0 à 300 cm	30 à 90 cm	80 à 90 cm	2 à 5 cm
eutre	Neutre	Neutre	Neutre
à 15 cm	5 à 15 cm	5 à 15 cm	-
cm	20 à 30 cm	Moins de 30 cm	Moins de 30 cm
apide	Rapide	Moyenne	Rapide
ivision, semis	Division	Division	Semis
ette plante herbacée que l'on trouve au Québec peut attein- re 3 m. Il convient plutôt aux ands étangs artificiels. Il se mporte bien en bordure ême si l'eau est absente riodiquement. Les épillets paraissent au cours de des ois de juillet à septembre. ès rustique (zone 3), elle nd à devenir envahissante.	Une autre sous-espèce du scirpe des étangs (Scirpus lacustris) en provenance du Japon. Elle porte aussi le nom de S. tabernæmontani 'Zebrinus' à cause de ses anneaux blancs et verts. Elle se comporte bien en zone 3b.	Le feuillage lancéolé du thalia a une certaine ressemblance avec celui du canna, mais sa tige est plus mince. Il requiert une fertilisation soutenue et un emplacement chaud. Elle exige une excellente protection hivernale.	Cette plante annuelle flottante dont le fruit est comestible a un feuillage qui devient rouge à la fin de l'été. Dans son habitat naturel, le fruit descend au fond de l'eau pour ne remonter qu'au printemps après avoir germé. Ce fruit ne survit pas à nos hivers froids. Il faut plutôt le conserver à l'intérieur dans un bac d'eau.

NOM SCIENTIFIQUE	*Trollius europæus*	*Typha angustifolia*	*Vallisneria americana*
NOM VERNACULAIRE	Trolle d'Europe	Quenouille	Vallisnerie d'Amérique
FAMILLE	Renonculacées	Typhacées	Hydrocharitacées
TYPE DE PLANTE	Bordure	Émergeante	Immergée
RUSTICITÉ	Rustique	Rustique	Rustique
SITUATION	Mi-ombre	Plein soleil, mi-ombre	Mi-ombre
TRAITS PARTICULIERS	Fleurs	Feuillage particulier	Feuillage en ruban
COULEUR DES FLEURS	Jaune	Brun	-
FLORAISON	6	7-10	-
HAUTEUR	30 à 70 cm	100 cm	Moins de 30 cm
ACIDITÉ DU MILIEU	Alcalin	Neutre	Neutre
PROFONDEUR DE PLANTATION EN MILIEU AQUATIQUE	-	5 à 15 cm	3 à 5 m
ENVERGURE	30 à 90 cm	30 cm	30 à 90 cm
CROISSANCE	Moyenne	Moyenne	Moyenne
MULTIPLICATION	Division automnale	Division, semis	Division
RENSEIGNEMENTS COMPLÉMENTAIRES	Les racines de cette plante ne doivent pas être sous le niveau de l'eau. Le Trolle d'Europe fleurit au printemps.	La quenouille est sans doute la plante aquatique la plus connue de tous. Cette plante émergée envahissante que l'on trouve partout au Québec dans les marais et fossés est très rustique. Elle a sa place en bordure des jardins aquatiques. On optera pour une plantation en panier en raison d'une racine à extrémité pointue qui risque de perforer les géomembranes peu épaisses. Les espèces diffèrent principalement par la hauteur: quenouille à feuilles larges (*Typha latifolia* : 1,50 cm), quenouille naine (*Typha minima* : 60 cm.), quenouille de lazmanie (*Typha laxmanii* : 90 cm).	On trouve cette herbacée en ea relativement profonde. Comm son feuillage croît jusqu'à 7 m, ne convient qu'aux grands jardins aquatiques. Bien qu'au Québec elle ne soit présente qu'au sud et à l'est (zone 4), elle pourrait bien hiverner dans des zones plus froides, car elle se trouve également dans certaine régions plus froides des Territoires du Nord-Ouest. L'espèce européenne, le vallis-nérie en spirale (*Vallisneria spiralis*), ainsi que l'espèce asiatique (*Vallisneria asiatica*) n'or pas encore été naturalisées au Québec.

ictoria amazonica	*Zantedeschia æthiopica*		
ictoria	Zantedeschia, lis d'Éthiopie, calla		
ymphéacées	Aracées		
euillage flottant	Bordure		
ropicale	Tropicale		
ein soleil	Mi-ombre		
euillage immense	Fleur en forme de spatule		
arié	Blanc		
-9	6-7		
loins de 30 cm	80 à 1,00 m		
eutre	Neutre		
5 cm	-		
lus de 7 m	60 à 90 cm		
loyenne	Moyenne		
division, semis	Division		
ette plante de l'Amazonie est la lus grande des nymphéacées. La euille au rebord relevé peut tteindre plus de 2 m. La fleur octurne de 20 cm n'ouvre que uelques minutes par jour et heurt après trois jours. La empérature ambiante nocturne e doit pas descendre sous 18° C t celle de l'eau doit être maintenue entre 24° et 27° C. Au Québec, sa culture exige un nvironnement contrôlé intéieur. Une autre espèce, le *. cruziana* possède des aractéristiques semblables, a feuille est cependant moins arge.	Une des plus belles plantes de bordure que l'on puisse posséder. Malheureusement, elle ne survit pas à nos hivers rigoureux. Il faut la faire hiverner en serre froide dans un récipient rempli de sable. Certains croient qu'elle peut hiverner sous la glace. La feuille en forme de flèche rapelle celle des sagittaires alors que la fleur, souvent utilisée comme fleur coupée, s'apparente à celle du calla des marais.		

CARACTÉRISTIQUES DES PRINCIPALES ESPÈCES ET HYBRIDES DE NYMPHÉAS

Description des titres de renseignements

Nom : Le nom de la plante tel que répertorié par *Water Gardens* de Philippe Swindells et repris par tous les autres ouvrages de référence. Pour alléger le texte, la même abréviation *N.* a été employée pour désigner le genre Nymphæa et le genre Nelumbo (lotus). L'abréviation « var. » identifie les variétés reconnues. La désignation de la plante comporte le genre et l'espèce (lorsque documentée) ainsi que le nom de l'hybride. À titre d'exemple, le *N. odorata* 'Turicensis' correspond à l'hybride Turicensis de l'espèce *odorata* du genre *Nymphæa*. Swindells retient deux exceptions à la classification habituelle des nymphéas: les catégories d'hybrides *laydekeri* et *marliacea* attribuables aux travaux de Marliac-Latour. Cette classification inhabituelle est préservée dans cet ouvrage afin de faciliter le repérage des plantes dans les principaux textes de référence.

Profondeur de plantation : Les valeurs indiquées correspondent aux profondeurs minimales et maximales généralement recommandées. Elles sont en unités métriques (cm).

Étalement : Petit (P): 0,30-0,60 m; Moyen (M): 0,60-1,20 m; Grand (G): 1,20-2,40 m.

Noms	Profondeur	Étalement	Caractéristiques
Nymphéas rustiques de couleur blanche			
N. 'Albatros'	30-60	M	Fleur de 15 cm. Feuillage pourpre.
N. 'Candida'	15-30	P	Fleur de 8 cm aux sépales teintés de vert.
N. carolinea ' Nivea'	30-60	P-M	Fleur double très parfumée.
N. 'Gladstonniana'	60-90	G	Fleur de 24 cm. Les feuilles s'élèvent au-dessus de l'eau. Rhizome très long.
N. 'Gonnere'	45-75	P-M	Fleur double de 20 à 24 cm.
N. 'Hermione'	15-30	P-M	Fleur de 8 à 10 cm. Les feuilles s'élèvent au-dessus de l'eau. Tolère l'ombre partielle.
N. 'Lactea'	15-30	P-M	Fleur de 8 à 10 cm. Les feuilles s'élèvent au-dessus de l'eau. Tolère l'ombre partielle.
N. laydekeri 'Alba'	20-45	M	Fleur de 10 à 13 cm qui s'élève au-dessus de l'eau.
N. marliacea 'Albida'	45-75	M	Fleur double naine de 6 cm. Plante indigène de la côte Est des États-Unis (New Jersey).
N. odorata var. alba	20-45	M	Fleur parfumée de 10 cm. Croît au Québec dans les eaux calmes des lacs et cours d'eau.
N. 'Queen of Whites'	30-60	M	Fleur de 10 à 13 cm à peine parfumée.
N. tuberosa	45-75	M	Fleur de 30 cm semi-double indigène au Québec. Lente à s'établir. Floraison prolongée.

Noms	Profondeur	Étalement	Caractéristiques
N. 'Virginalis'	30-60	M-G	Fleur semi-double de 13 à 15 cm à floraison prolongée et abondante.

Nymphéas rustiques de couleur rose

Noms	Profondeur	Étalement	Caractéristiques
N. 'Amabilis'	45-60	M-G	Fleur rose saumon de 25 cm.
N. 'Colossea'	45-60	G	Fleur très vigoureuse de 20 cm; plante très florifère.
N. 'Gloire du temple sur Lot'	45-90	M	Fleur double au coloris d'abord en rose pâle et qui se termine en blanc. Lente à s'établir.
N. laydekeri 'Liliacea'	30-60	P	Fleur rose pâle de 6 cm.
N. 'Madame Wilfron Gonnere'	45-75	M-G	Fleur rose chair de 20 cm. Premiers mois: blanche, puis rose. Parfum de vanille.
N. marliacea 'Carnea'	45-180	G	Fleur rose chair de 20 cm. Feuillage vert foncé comportant des taches brunes.
N. marliacea 'Rosea'	30-60	M-G	Fleur de 15 à 20 cm. Atteint sa pleine couleur rose foncé après quelques années.
N. 'Mary Patricia'	15-30	P	Fleur rose de 20 cm à reflets pêche. Floraison dense.
N. 'Masaniello'	30-60	M-G	Fleur très parfumée de 20 cm qui s'élève au-dessus de l'eau. Évolue de rose à carmin.
N. 'Mrs Richmond'	45-75	M	Fleur blanche avec des taches roses foncé à l'extérieur et pâles au centre.
N. 'Norma Gedye'	30-60	M	Fleur semi-double.
N. odorata 'Firecreast'	45-90	M	Fleur rose foncé, à feuillage pourpre.
N. odorata 'Turicensis'	30-60	M	Semblable au N. odorata var. rosea, mais à fleurs plus petites.
N. odorata var. rosea	30-60	M-G	Fleur de 8 à 10 cm. Appellée souvent N. de Cape Cod ou de Boston, son lieu d'origine.
N. odorata 'William B. Shaw'	30-60	M	Fleur très parfumée de 10 à 15 cm s'élevant au-dessus de l'eau.
N. 'Pearl of the pool'	45-75	M	Fleur rose foncé. Floraison abondante.
N. 'Pink Opal'	15-30	P-M	Fleur s'élève à plus de 15 cm au-dessus de l'eau.
N. 'Pink Sensation'	45-75	M-G	Fleur de 13 à 15 cm. S'épanouit plus tard le soir. Floraison abondante. Très parfumée.
N. 'René Gérard'	30-60	M-G	Fleur de 23 cm à étamines jaunes. Très florifère.
N. 'Rose Arey'	45-75	M-G	Fleur de 13 à 20 cm. Lente à s'établir. Floraison abondante à maturité.
N. 'Somptuosa'	15-30	P-M	Fleur très parfumée double de 13 cm. Floraison hâtive.

Nymphéas rustiques de couleur rouge

Noms	Profondeur	Étalement	Caractéristiques
N. 'Andreana'	60-90	G	Fleur rouge foncé avec des teintes crème.
N. 'Atropurpurea'	30-60	M-G	Fleur rouge cramoisi foncé à étamines jaunes.
N. 'Attraction'	30-60	M-G	Fleur rouge grenat et blanche de 20 à 25 cm. Feuilles cuivrées.
N. 'Charles de Meurville'	30-60	M-G	Fleur de 25 cm très vigoureuse. Floraison abondante à maturité.
N. 'Conqueror'	45-60	M-G	Fleur rouge avec l'intérieur blanc. Feuillage violet à blanc.

Noms	Profondeur	Étalement	Caractéristiques
N. 'Elisiana'	30-60	P	Fleur de 9 à 10 cm. Floraison abondante.
N. 'Escarboucle'	60-180	M-G	Fleur très odorante de 25 à 30 cm de mauve à rouge. Plante très résistante.
N. 'Froebeli'	15-20	P-M	Fleur parfumée de 9 cm rouge sang. Très florifère et à saison longue.
N. 'Gloriosa'	45-90	M	Fleur de 15 à 18 cm semblable au N. 'Escarboucle', mais pas aussi florifère.
N. 'James Brydon'	45-90	M	Fleur de 12 à 17 cm qui tolère une ombre partielle.
N. laydekeri 'Fulgens'	15-20	P-M	Fleur rouge cramoisi à sépales verts.
N. laydekeri 'Purpurata'	30-60	P	Fleur de 15 cm à floraison prolongée et abondante. Petites feuilles à taches brunes.
N. 'Lucida'	20-45	M-G	Fleur vermillon à étamines orange et sépales blancs. Tige très allongée.
N. 'Newton'	20-60	M-G	Fleur de 15 cm vermillon à étamines orange qui s'élève au-dessus de l'eau.
N. pygmea 'Rubra'	30-60	P	Fleur de 6 à 7 cm. Débute en rose et termine en rouge marron.
N. 'William B. Falconer'	45-75	M	Fleur de 15 cm à feuillage pourpre foncé et veiné de rouge.

Nymphéas rustiques de couleur jaune

Noms	Profondeur	Étalement	Caractéristiques
N. 'Charlene Strawn'	9-60	M	Fleur parfumée. Floraison abondante.
N. 'Colonel A.J. Welch'	60-90	G	Fleur de 15 cm s'élevant au-dessus de l'eau. Variété vigoureuse et parfois vivipare.
N. 'Moorei'	20-45	M-G	Fleur jaune citron de 15 cm. Feuillage vert pâle tacheté de brun.
N. pygmea 'Helveola'	15-30	P	Fleur de 2 à 5 cm. Floraison abondante. Résistante à des conditions difficiles.
N. 'Sunrise'	45-90	G	Fleur parfumée de 20 cm.

Nymphéas rustiques de couleur changeante

Noms	Profondeur	Étalement	Caractéristiques
N. 'Aurora'	15-30	P	La fleur débute en jaune, passe ensuite à saumon pour terminer en rouge.
N. 'Graziella'	20-45	P-M	Débute en jaune abricot puis passe à rouge cuivré.
N. marliacea 'Chromatella'	30-60	M-G	Fleur de 15 cm qui demeure ouverte tard le soir. Très rustique et tolère l'ombre.
N. odorata 'Sulphurea'	15-30	G	Floraison faible. Exige beaucoup de soleil.
N. 'Robinsonii'	15-30	P-M	Fleur de 10 à 13 cm débutant en jaune et terminant en rouge cuivré.
N. 'Sioux'	45-60	P-M	Fleur de 10 à 13 cm qui débute en orange puis termine en rouge-orangé.
N. 'Solfatare'	15-30	P	Fleur de 10 cm débutant en jaune pâle et terminant rouge orangé.

Nymphéas tropicales diurnes de couleur blanche

Noms	Profondeur	Étalement	Caractéristiques
N. 'Isabelle Pring'	20-60	M	Fleur de 25 cm parfumée aux étamines jaune or. Vivipare.
N. 'Mrs George H. Pring'	20-60	M-G	Fleur parfumée de 20 à 25 cm. Étamines jaunes à extrémité blanche.

Noms	Profondeur	Étalement	Caractéristiques
Nymphéas tropicales diurnes de couleur rose			
N. 'General Pershing'	20-60	M-G	Fleur double de 20 à 25 cm très parfumée. Ouverture quotidienne prolongée.
N. 'Leading Lady'	20-60	M-G	Fleur semi-double qui demeure ouverte sous éclairage artificiel. Pétales très nombreux.
N. 'Pink Perfection'	30-60	M-G	Fleur rose foncé et très parfumée. Feuillage à bandes brun rouge.
N. 'Pink Platter'	20-60	M	Fleur de 20 à 25 cm. Plante vivipare «résistante» qui tolère l'ombre partielle.
Nymphéas tropicales diurnes de couleur bleue			
N. 'Bagdad'	15-30	M-G	Fleur bleue s'élevant au-dessus de l'eau. Feuille tachetée de brun et de violet. Vivipare.
N. 'Blue Beauty'	20-60	M-G	Fleur bleu foncé de 23 à 30 cm qui s'élève à 20 cm au-dessus de l'eau. Tolère l'ombre partielle
N. capensis	20-60	M	Fleur de 15 à 20 cm qui s'ouvre tôt. Facile à cultiver et à faire germer.
N. coerulea	30-60	M	Fleur bleu ciel. Appelée à tort lotus bleu du Nil. Tolère la fraîcheur. Facile à faire germer.
N. 'Daubeniana'	10-40	P	Fleur bleue de 5 cm au parfum épicé. Très vivipare. Facile à cultiver à l'intérieur.
N. gigantea	60-120	G	Fleur bleu ciel pouvant atteindre 38 cm et qui s'élève à 30 cm au-dessus de l'eau.
N. 'Leopardess'	20-60	M-G	Fleur bleu saphir. Facile à cultiver à l'intérieur.
N. 'Margaret Mary'	15-20	P	Fleur bleue de 5 cm à feuilles de 5 à 8 cm. Requiert une période de dormance.
N. 'Margaret Randig'	20-60	G	Fleur bleu ciel, large. Plante vigoureuse. Tolère l'ombre partielle.
Nymphéas tropicales diurnes de couleur violet			
N. 'Director George T. Moore'	20-60	P-M	Fleur violet foncé de 20 à 25 cm. Petites feuilles de 10 à 20 cm.
N. 'Edward D. Uber'	20-60	M	Fleur violet à centre doré. Vivipare. Tolère l'ombre partielle et la fraîcheur.
N. 'King of the Blues'	20-60	M	Fleur bleu marine à sépales violets. Très facile à cultiver.
N. 'Panama Pacific'	20-60	P-M	Bon choix annuel pour notre climat. Parfumée. Tolère l'ombre partielle et la fraîcheur.
Nymphéas tropicales diurnes de couleur jaune			
N. 'Eldorado', ' City of Gold'	20-60	M	Fleur semi-double jaune citron et très parfumée. Résistante aux températures froides.
N. 'Saint Louis'	15-60	M	Fleur de 25 cm jaune moyen à étamines jaune foncé. Large feuille teintée de cuivre.
N. 'Yellow Dazzler'	45-75	M-G	Fleur large qui demeure ouverte tard le soir. Plante très florifère à grandes feuilles.
Nymphéas tropicales nocturnes de couleur blanche			
N. 'Missouri'	45-90	M-G	Fleur géante de 38 cm. Feuillage débute en brun et termine en vert foncé.

Noms	Profondeur	Étalement	Caractéristiques
N. 'Sir Galahad'	20-60	M-G	Large fleur à étamines dorées. Feuillage à bord ondulé. Se referme tard dans le jour.

Nymphéas tropicales nocturnes de couleur rose

N. 'Maroon Beauty'	20-60	M-G	Fleur marron clair de 30 cm. Très florifère. Feuillage rouge bronzé.
N. 'Mrs George C. Hitchcock'	20-60	M	Fleur large rose pâle à étamines orange foncé. Fiable et à saison prolongée.

Nymphéas tropicales nocturnes de couleur rouge

N. 'Devoniensis'	30-60	G	Fleur rouge pâle de 20 à 30 cm. Feuillage vert à ton de bronze et à bord dentelé.
N. 'H.C. Haarstick'	20-60	M-G	Fleur rouge vif de 25 à 30 cm. à étamines rouges et or. Feuillage cuivré à bord ondulé.
N. 'Red Flare'	20-60	M	Fleur vermeille très parfumée à étamines marron. Feuillage tacheté de rouge.

Lotus de couleur blanche

N. nucifera var. alba	15-30	M	Connue également sous le nom de lotus magnolia, cette variété est d'un blanc pur.
N. nucifera var. alba grandiflora	15-30	M	Fleur blanc ivoire de 30 cm à feuillage de couleur vert pois. Étamines dorées.
N. nucifera var. albo-virens	15-30	M	Fleur double.
N. nucifera 'Shiroman'	15-30	M	Variété japonaise de lotus. Très parfumée. Débute en ton crème et finit en blanc.
N. 'Angel Wings'	15-30	M	Fleur parfumée de 20 à 25 cm.
N. 'Chawan Basu'	15-30	P-M	Variété semi-naine ayant des tons rosés à l'extrémité des pétales.

Lotus de couleur rose

N. nucifera var. gigantea	15-30	M-G	Fleur rose violacée. Dessous du feuillage est argenté.
N. nucifera var. rosea plena	15-30	M	Fleur double.
N. 'Charles Thomas'	15-30	P	Variété naine débutant en rose pâle et se terminant en lavande.
N. 'Maggie Belle Slocum'	15-30	M-G	Fleur mauve de 25 à 30 cm.
N. 'Momo Botan'	15-30	P-M	Fleur double.
N. 'Mrs Perry D. Slocum'	15-30	G	Fleur double de 30 cm débutant en rose et se terminant en jaune crème.

Lotus, espèces de couleur jaune

N. pentapetala var. flavescens	15-30	M	Fleur de 20 cm ayant une tache rouge à la base de chaque pétale.

Bibliographie

AXELROD, Dr. Herbert R., *Introduction aux Kois les carpes japonaises.* Courtrai, T.F.H. Publications, 1987, 125 p.

AXELROD, Dr. Herbert R., Albert Spalding BENOIST, Dennis KESLEY-WOOD, *Garden Ponds.* T.F.H. Publications, 1992, 272 p.

BORROR, Donald J. et Richard WHITE, *A Field Guide to the Insects of America , North of Mexico.* Boston, Houhghton Mifflin Company, 1970, 404 p.

CASE, David, *Water Gardens Plants, The complete Guide.* Wiltshire, Crowood Press Ltd, 1991, 154 p.

CHAGNON, Gustave et Adrien ROBERT, *Principaux coléoptères de la province du Québec.* Montréal, Les Presses de l'Université de Montréal, 1962, 440 p.

CLAFFIN, Edward B., *Garden Pools & Fountains.* San Ramon, Ortho Books, 1988, 112 p.

CLAFLIN, Edward B., *Garden Pools Fountains and Waterfalls* Sunset Publishing Corporation, 1992, 96 p.

Collectif, *The Tetra Encyclopedia of Koi.* Blacksburg, Tetra Press, 1989, 208 p.

COLBURN, Nigel, *Shortcuts to Great Gardens.* Boston, Little, Brown and Company, 1993, 144 p.

DAVIDSON, A.K., *The Art of Zen Gardens.* Los Angeles, Jeremy P. Tarcher Inc., 1983, 151 p.

FLEURBEC *Plantes sauvages des lacs, rivières et tourbières.* Saint-Augustin, Fleurbec, 1987, 381 p.

FLEURBEC *Plantes sauvages des villes, des champs et en bordure des chemins 2.* Saint-Augustin, Fleurbec, 1983, 208 p.

HESSAYON, Dr D.G. *The Rock and Water Garden Expert.* Herts, pbi Publications, 1993, 127 p.

HORTON, Alvin, *Creating Japanese Gardens.* San Ramon, Ortho Books, 1989, 112 p.

JURDANT, Jean-Marie, *Les jardins aquatiques.* Vander Éditeur, 1987, 320 p.

LIFANG, Chen et SIANGLIN, *The Garden Art of China.* Portland, Timber Press, 1986, 211 p.

LLOYD, Christopher, *The Well-Tempered Garden.* Penguin Books, 1985, 479 p.

MARIE-VICTORIN, *Flore laurentienne.* Montréal, Les Presses de l'Université de Montréal, 1964, p. 925

MASTERS, C.O., *Encyclopædia of the water-lily.* T.F.H. Publications, 1984, 512 p.

MATSUI, Dr. Yoshiichi, *Goldfish Guide.* T.F.H. Publications Inc. Ltd., 1981, 253 p.

MOORE, Abd al-Hayy, *ZEN Rock Gardening.* Philadelphia, Running Press, 1992, 95 p.

NESSEMAN, Pierre, *Les jardins aquatiques.* Editions S.A.E.P., 1990, 155 p.

NITCHEKE, Gunter, *Le jardin japonais.* Koln, Benedickt Taschen, 1991, 319 p.

PAUL, Anthony et Yvonne REES *The Water Garden.* Penguin Books, 1986, 159 p.

PERRY, Frances et Peter ROBINSON, *Waterlilies and Other Aquatic Plants.* Vancouver, Cavendish Books, 1989, 157 p.

PLUMTRE, George, *Water Gardens.* London, Thames and Hudson Ltd, 1993, 208 p.

ROSE, Graham, *The Classic Garden.* New York, Summit Books, 1989, 192 p.

SEIKE, Kyoshi, Monsanobu KUDO et David H. ENGEL, *A Japanese Touch for your Garden.* New York, Kodansha America, 1980, 80 p.

STADELMAN, Peter, *Water Gardens.* Barrons Educationnal Series 1992, 137 p.

STEVENS, David, Lucy HUNTINGDON et Richard KEY, *The Complete Book of Garden Design, Construction and Planting.* London, Ward Lock Ltd, 1991, 256 p.

SWAN, Lesrer A. et Charles S. PAPP, *The Commun Insects of North America.* New York, Harper and Row, Publichers, 1972 750 p.

SWINDELLS , Philippe et David MASON, *The Complete Book of Water Gardens.* London, Ward Lock Ltd, 1989, 208 p.

SWINDELLS , Philippe, *Waterlilies.* Beaverton, Timber Press, 1983, 159 p.

THOMAS, Graham Stuart, *Perennial Garden Plants.* London, J. M. Dent Ltd, 1990, 463 p.

TREHANE, Piers, *Index Hortensis.* Wimborne, Quaterjack Publishing, 1993, 512 p.

TABLE DE CONVERSION

1 gallon imp. =	1,20 gal. U.S.	ou	4,55 litres	ou	277 pouces^3
1 gallon U.S. =	0,833 gal. imp.	ou	3,79 litres	ou	231 pouces^3
1 litre =	0,264 gal. U.S.	ou	0,216 gal. imp.	ou	61,04 pouces^3
1 pied^3 =	6,24 gal. imp.	ou	7,5 gal. U.S.	ou	28,3 litres
1 verge^3 =	168,5 gal. imp.	ou	202,5 gal. U.S.	ou	254,9 litres
1 pouce =	2,54 cm				
1 pied =	30,48 cm				
1 verge =	91,44 cm				
1 millimètre =	0,04 pouce (0'0,04")				
1 centimètre =	0,39 pouce (0'0,39")				
1 mètre =	39,37 pouces (3'3,37")				

Index